EVA-MARIA BAST | HEIKE THISSEN

Geheimnisse
der Redewendungen

**50 SPANNENDE ERKLÄRUNGEN,
WARUM WIR SAGEN, WAS WIR SAGEN**

W0171183

Bast, Eva-Maria; Thissen, Heike
Geheimnisse der Redewendungen – 50 spannende Erklärungen,
warum wir sagen, was wir sagen

DIE WELT in Kooperation mit:
Bast Medien, Münsterstr. 35, 88662 Überlingen (verantwortlich)
Überlingen 2016
ISBN: 978-3-946581-09-3

Copyright: Bast Medien
Lektorat: Simone Schelk
Covergestaltung: Jarina Binnig, Carina Linke, Cornelia Müller
Coverfoto: Magdalena Stoll
Layout: Homebase – Kommunikation & Design, Jarina Binnig
Satz: Carina Linke
Druck: werk zwei Print+Medien Konstanz GmbH

Von den Machern der preisgekrönten „Geheimnisse der Heimat"

Inhalt

4

Vorwort

R edensarten sind für die Sprache das, was die im Bernstein konservierte Urzeitfliege oder der versteinerte Fußabdruck eines Dinosauriers für die Naturwissenschaften sind: Relikte, die ein Fenster in die Vergangenheit öffnen. Sie erzählen von Zuständen, die einst so alltäglich waren, dass die Menschen sie als Vergleich für etwas ganz anderes benutzen konnten. Die Vergleiche bleiben dann auch in der Sprache, wenn die Zustände längst verschwunden sind. Niemand wird mehr öffentlich gerädert – also mit gebrochenen Knochen aufs Rad geflochten – aber wir fühlen uns immer noch *wie gerädert*.

Sogar eine so durchsichtige Aufforderung wie *Nun mach mal nicht die Pferde scheu!* im Sinne von „Verbreite hier keine unnötige Unruhe" verweist ja auf eine ferne Zeit, in der es noch Pferde auf städtischen Straßen gab und es tödliche Konsequenzen für Fußgänger haben konnte, wenn die Zugtiere eines schweren Lastentransports durchgingen. Obendrein hat das Wort *scheu* in dieser Redensart und im Verb *scheuen* den Beiklang von Wildheit und Aggressivität, den es sonst kaum mehr hat und der auf den ausgestorbenen Ursinn „taumelnd" zurückgeht.

In der WELT werden solche Geheimnisse der deutschen Sprache regelmäßig gelüftet. Wir können uns rühmen, dass kein anderes Medium hierzulande so häufig und kompetent über Sprachthemen berichtet. Wer wissen will, wie der Stand der Debatten um „gendergerechte" Sprache ist, welchen Einfluss der Studentenjargon von 1800 auf unsere heutige Umgangssprache hat, wieso Deutsch zu den Top 5 der Weltsprachen gehört oder warum wir immer noch buchstabieren wie die Nazis, erfährt es bei uns. Vor allem erzählt Matthias Heine wöchentlich in seiner Kolumne „Ein Mann, ein Wort", wie Wörter zu ihren Bedeutungen kommen. Dabei geht es nicht nur um politische Kampfbegriffe wie Lügenpresse, Völkermord oder Aktivist, sondern auch um Redensarten wie *Einen Denkzettel verpassen* oder *Das ist mir schnurz*.

Deshalb haben wir von der WELT uns als natürliche Wahl empfunden, als Eva-Maria Bast ein Medium suchte, das der Partner für ihr jüngstes, diesmal auf die deutsche Sprache bezogenes Buch aus der „Geheimnisse"-Reihe sein könnte. Offenbar sah Frau Bast das genauso. Die Zuneigung beruhte auf Gegenseitigkeit. Oder um es redensartlich auszudrücken: *Es passte wie die Faust aufs Auge*.

Geheimnisse können etwas sehr Romantisches und Poetisches sein. Aber Journalisten sind sie doch *ein Dorn im Auge* (noch so eine Redensart). In diesem Buch werden 50 Geheimnisse der deutschen Sprache enthüllt. Die Enthüller sind oft keine professionell investigativen Sprachforscher, sondern Menschen, die irgendwann einmal angefangen haben, über Dinge, die sie ihr Leben lang einfach so gesagt hatten, nachzudenken. Daraufhin haben sie sich bei Experten Aufklärung verschafft und klären jetzt andere auf. Naive Fragen vielleicht – aber fundierte Antworten. Wissensvermittlung mit journalistischen Mitteln; unterhaltsam, aber mit der nötigen Faktenhärte. Das unterscheidet diese „Geheimnisse der Redewendungen" von den gängigen Nachschlagewerken zu Sprichwörtern und Redensarten.

Stefan Aust
Herausgeber DIE WELT

Die Autorinnen

 **Eva-Maria Bast**, Jahrgang 1978, arbeitet seit 1996 für verschiedene Zeitungen und Magazine. 2011 gründete sie mit Heike Thissen das Journalistenbüro „Büro Bast & Thissen", das 2013 erweitert wurde und sich nun „Bast Medien" nennt. Eva-Maria Bast initiierte und schreibt die Buchreihe „Geheimnisse der Heimat", die 2011 startete, rasch zu einem regionalen Bestseller wurde und die 2016 in 31 Bänden vorliegt. 2012 wurde die Tageszeitung Südkurier für die Geheimnis-Reihe mit dem Deutschen Lokaljournalistenpreis der Konrad-Adenauer-Stiftung in der Kategorie „Geschichte" ausgezeichnet. 2012 begann Bast sich auch der Belletristik zu widmen. Mit „Vergissmichnicht" gab sie ihr Krimi-Debüt, „Tulpentanz" folgte ein Jahr später. Im Frühjahr 2014 erschien Teil 1 (Mondjahre), 2015 Teil 2 (Kornblumenjahre) und 2016 Teil 3 (Dornenjahre) ihrer zeitgeschichtlichen Jahrhundert-Saga. Seit Juni 2015 ist sie Gastdozentin an der Hochschule der Medien Stuttgart. Eva-Maria Bast lebt mit ihrer Familie in Überlingen am Bodensee.

 **Heike Thissen**, Jahrgang 1980, ist seit 1999 im Journalismus zuhause. Sie hat an der Universität Leipzig und der Universidad de Valencia Diplom-Journalistik und Amerikanistik studiert und bei der Tageszeitung Südkurier in Konstanz volontiert. Nach mehreren Jahren als Redakteurin beim Südkurier arbeitet sie seit 2010 als freie Journalistin für Zeitungen und Zeitschriften und als PR-Redakteurin für verschiedene Unternehmen. Seit 2011 geht sie von Konstanz aus regelmäßig zusammen mit Eva-Maria Bast auf Geheimnissuche in ganz Deutschland.

*Claudia Raith hat immer einen roten Faden dabei –
allerdings meistens „nur" im Geiste.*

01

Der rote Faden

Wer ihn verliert, hat verloren

Einen roten Faden? Braucht man unbedingt! Auch, um sich im Dschungel der Redewendungen zurecht zu finden, wozu dieses Buch ja dienen soll. Wie ein roter Faden führen die Texte die Leser durch die Welt der Redensarten und bieten dabei so manche Überraschung: Spannend, was man tagtäglich von sich gibt, ohne zu wissen, welche Bedeutung es eigentlich hat. Wer denkt bei *Blaumachen* schon an Urin? Oder bei *08/15* an ein Gewehr? Claudia Raith hat sich mit dem *roten Faden* beschäftigt – und sie nutzt ihn auch oft: Wenn sie in München unterwegs ist, hat sie ihn immer dabei. Denn die Gästeführerin zeigt ganzen Busladungen von Touristen ihre Stadt, und wenn sie den *roten Faden* da verlöre, hätte sie ein echtes Problem. Eine von Claudia Raiths Spezialitäten ist es, auf kleine, versteckte Besonderheiten hinzuweisen. Das Bewusstsein zu schärfen für die Dinge, denen man täglich begegnet. Und irgendwann merkte sie, dass sie gar nicht wusste, woher die Redewendung vom *roten Faden*, der für sie so wichtig ist, eigentlich stammt. Sie begann zu recherchieren und fand heraus, dass es gleich mehrere Ursprünge für die symbolische Verwendung des *roten Fadens* gibt.

„Vermutlich stammt der Ausdruck aus der Seefahrt", sagt sie. „Seile und Taue wurden früher oft gestohlen, um anderweitig verwendet zu werden. Da diese Seile sehr wichtig waren, um das Schiff im Hafen festzumachen, griff die britische Marine zu einer List: Sie kennzeichnete die Taue mit einem roten Faden." Dieser wurde so in die Seile verwebt, dass er nicht mehr entfernt werden konnte, ohne das Tau zu zerstören und damit unbrauchbar zu machen. „Damit ging die Diebstahlrate merklich zurück", erklärt Claudia Raith. Denn die Seile im Besitz einer Person, die nicht der britischen Marine angehörte, waren jetzt leicht als Diebesgut erkennbar.

Der zweite Ursprung des *roten Fadens*: „In der Mythologie der griechischen Antike hat sich die kretische Königstochter Ariadne mit Hilfe eines Fadens aus dem Labyrinth des Minotaurus retten können", erzählt die Münchnerin, deren Leidenschaft die Literatur ist und die in einer Buchhandlung arbeitet. „Allerdings spielte die Farbe des Fadens in dieser Geschichte keine Rolle; hier geht es darum, den Faden, also den Weg nicht zu verlieren." Und genau dafür steht der *rote Faden* ja heute.

> *„In der Mythologie der griechischen Antike hat sich die kretische Königstochter Ariadne mit Hilfe eines Fadens aus dem Labyrinth des Minotaurus retten können."*

Auch bei den Germanen im frühen Mittelalter sei der rote Faden wichtig gewesen: Mit blutigen dünnen Fäden, denen Zauberkräfte zugeschrieben wurden, zäunten die Menschen damals ihre Kult- und Opferplätze ein. Sie sollten ihre rituellen Orte vor unbefugtem Betreten schützen.

Schön und gut – aber wo ist die Verbindung zur heutigen Redewendung – außer beim Faden der Königstochter Adriadne? „Im übertragenen Sinne wurde der *rote Faden* durch Goethes Roman ‚Die Wahl-

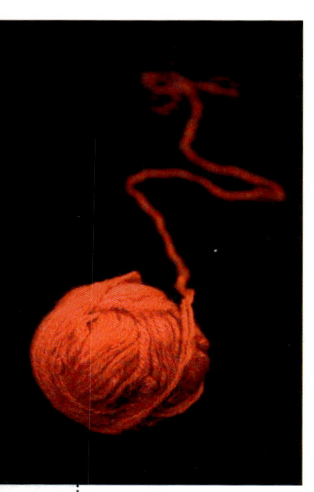

Bloß nicht verlieren – den roten Faden.

verwandtschaften' bekannt", sagt Claudia Raith. Darin schreibt er: „Wir hören von einer besonderen Einrichtung bei der englischen Marine, sämtliche Tauwerke der königlichen Flotte, vom stärksten bis zum schwächsten, sind dergestalt gesponnen, daß ein roter Faden durch das Ganze durchgeht, den man nicht herauswinden kann, ohne alles aufzulösen, und woran auch die kleinsten Stücke kenntlich sind, daß sie der Krone gehören. Ebenso zieht sich durch Ottiliens Tagebuch ein Faden der Neigung und Anhänglichkeit, der alles verbindet und das Ganze bezeichnet."

So hat Goethe aus dem Gebrauch eines realen roten Fadens in der britischen Marine eine Metapher etabliert, die heute sehr oft verwendet wird, um zu verdeutlichen, wie das eine mit dem anderen in der Historie, im Roman oder im echten Leben zusammenhängt. Eine Spur, ein Weg oder eine Richtlinie ziehen sich wie ein *roter Faden* durchs Leben.

Eva-Maria Bast

Strafen im Mittelalter

Rote Fäden als Diebstahlschutz: Kein Wunder, dass diejenigen, die in räuberischer Absicht unterwegs waren, sich den Diebstahl nun zweimal überlegten. Denn die mittelalterliche Strafjustiz war grausam. Dieben – ob sie nun Seile oder andere Güter gestohlen hatten – drohte das Handabhacken. Auf Latein wurde das *punitio membri* genannt, das bedeutet: die Bestrafung an dem Körperteil, mit dem die Straftat begangen wurde. Diese Art der Strafe war auch als Spiegelstrafe bekannt. Und sie führte noch weiter: Brandstifter wurden im alten Rom zum Beispiel zum Feuertod verurteilt.

Katharina Rosen präsentiert ein Stück Butter. Zu Transportzwecken – wie das früher üblich war – verwendet sie sie zwar nicht, auf dem Brot schmeckt sie ihr aber ganz gut.

02

Alles in Butter

Und die Diener mussten putzen

Wenn man näher darüber nachdenkt, dann ist die Vorstellung dass *alles in Butter* ist, eher unangenehm. Der Ausspruch, der sagen will: „Alles ist gut", heißt buchstäblich, dass alles von einer Fettschicht überzogen ist. Fett schützt bekanntlich – und genau davon leitet sich die Redewendung ab.

„Sämtliche Waren wurden früher in großen Fässern transportiert", erzählt Stadtführerin Katharina Rosen. Als gebürtige Bremerin

In Fässern wie diesem wurde Glas in flüssiger Butter transportiert.

kennt sie sich bestens mit Im- und Export sowie mit verschiedenen Transportwegen aus. „Fässer wurden deshalb gewählt, weil sie wasserdicht waren: Wo kein Bier oder Wein heraustropfte, da konnte auf umgekehrtem Wege auch kein Wasser eindringen. Bei Schiffstransporten war das beispielsweise enorm wichtig. Pelze, Bücher – eigentlich wurde alles in Fässern von A nach B gebracht." Auch Glas. „Das war gerade im Mittelalter sehr kostbar und sehr teuer, überdies schwer herzustellen und für jeden Transport eine Herausforderung. Damit Gläser, Vitrinen oder auch ganze Kronleuchter unterwegs nicht kaputt gingen, mussten sie gut ein- und verpackt werden." Aber wie? „Man hätte natürlich Wolle verwenden können oder Stoffe, aber richtig sicher war das Glas damit nicht", erzählt Katharina Rosen.

Die ideale Lösung: Die Waren wurden vorsichtig in ein Fass gesenkt und mit erhitzter, geschmolzener Butter übergossen. „Wenn die Butter kalt und hart wurde, schützte sie das eingebettete Glas bestens", erklärt die Stadtführerin.

Auch in der Glasbläsermetropole Venedig habe man sich im Mittelalter dieser Methode gerne bedient – mussten die wertvollen Stücke doch in Kutschen auf holprigen Wegen über die Alpen transportiert werden. Und wenn adlige Familien samt Hab und Gut umzogen – etwa im Sommer auf ihren Landsitz – sollen sie Zerbrechliches in Butter gelegt haben. Die besorgte Frage bei Ankunft lautete: *„Alles in Butter?"* Ein Beispiel für Schloss Marienburg bei Hannover: Für den Umzug der Kronleuchter aus dem Schloss Hannover in den Sommersitz wurden die riesigen Hängelampen in kostbare Butter getunkt und transportiert.

Für die Angestellten bedeutete die Transportform allerdings gehörigen Stress: Sie mussten putzen. Für sie war – im übertragenen Sinne –

> *„Wenn die Butter kalt und hart wurde, schützte sie das eingebettete Glas bestens."*

nicht *alles in Butter*. Wobei: Wäre das Porzellan zerbrochen, hätten sie sich vor ihrer Herrschaft dafür verantworten müssen. Und dann wäre erst recht nicht *alles in Butter* gewesen.

Eva-Maria Bast

....

Butter statt Margarine

Eine weitere Vermutung für den mittelalterlichen Ursprung der Redewendung ist, dass *alles in Butter* war, wenn Speisen mit hochwertiger Butter statt mit billigen Fetten zubereitet wurden.

Seit wann es Butter in ihrer bekannten Form gibt, ist nicht ganz klar. Als älteste Darstellung wird ein sumerisches Mosaik vermutet, das um 3000 v. Chr. entstanden ist. Im Mittelalter galt Butter als wichtiges Handelsgut und wurde in Gefäßen und Fässern auch auf dem Seeweg transportiert. Und das nicht nur, um Gläser zu schützen.

Reiner Benker hat zwar von Tuten und Blasen keine Ahnung. Er versucht sich im Hof von Schloss Greifenstein trotzdem am Jagdhorn.

03

Von Tuten und Blasen keine Ahnung haben

Wenn selbst der einfachste Job zu schwer ist

Wenn Reiner Benker im Hof von Schloss Greifenstein in Oberfranken steht und in sein Horn bläst, ertönt ein erbärmliches Quietschen und Tröten. Die schiefen Töne passen ganz und gar nicht zur malerischen Kulisse des Anwesens, das der gräflichen Familie der Schenken von Stauffenberg gehört. Und von den beeindruckenden und majestätischen Klängen, die man gemeinhin mit dem Blechblasinstrument in Verbindung bringt, ist die Melodie, die der Kastellan des Schlosses diesem entlockt, weit entfernt. „Ich habe eben *von Tuten und Blasen keine Ahnung* – und das im wahrsten Sinne des Wortes", sagt Reiner Benker und lacht.

Schon seit vielen Jahren beschäftigt sich der gebürtige Bayreuther mit Sprichwörtern und ihrer Herkunft. Er weiß deshalb auch, dass die Redewendung *Von Tuten und Blasen keine Ahnung haben* aus den Zeiten stammt, als es längst noch keine elektrischen Rauchmelder gab. „Der Spruch geht zurück auf die Nachtwächter. Denn ihr Beruf war zwar ein wichtiger, aber auch ein sehr einfacher. Man musste ja eigentlich nur wach bleiben, durch die Straßen laufen und stündlich in ein Horn blasen", erklärt Benker. Deshalb seien diese Männer weder gut bezahlt noch in der Bevölkerung besonders hoch angesehen gewesen. „Und wenn es nun jemanden gab, der nicht einmal zum Nachtwächter taugte, weil er zum Beispiel einem Horn keinen geraden Ton entlocken konnte, so hatte er *von Tuten und Blasen keine Ahnung*. Er stand auf der untersten Stufe der Gesellschaft", schließt er seine Erklärung.

Mag sein, dass es nicht viel brauchte, um den Beruf des Nachtwächters zu bekleiden. Und dennoch gab es Jahrhunderte, in denen keine Stadt und kein Dorf ohne ihn sein wollte. „Er war in erster Linie dafür zuständig, Feuer frühzeitig zu entdecken. Aber er musste auch die vollen Stunden ausrufen, sodass alle Bürger ihn hören konnten und wussten, dass er tatsächlich seiner Pflicht nachkam", erklärt Rainer Benker. Der Mann, zu dessen Ausrüstung oft ein wetterfester Schlapphut, ein weiter Mantel, eine Hellebarde und ein Signalhorn gehörten, sollte aber auch bei nächtlichem Aufruhr und bei Streitigkeiten für Ruhe und Frieden sorgen. Damit er letztere Aufgabe auch wirklich zuverlässig erfüllen konnte, war er mit besonderen Rechten ausgestattet: Der Nachtwächter durfte auffällige Personen, die zu später Stunde umherstrichen, anhalten, befragen und gegebenenfalls sogar verhaften. Betrunkene geleitete er nach Hause. Wirte, die sich nicht an die Sperrstunde hielten, zeigte er an. Außerdem sollte der Nachtwächter auf den Besitz der Bürger aufpassen, zum Beispiel auf das Holz, das diese vor ihren Häusern gelagert hatten.

In Bamberg, das von Schloss Greifenstein rund 25 Kilometer entfernt liegt, regelte die „Nachtwächterordnung für die hochfürstliche Residenzstadt Bamberg" aus dem Jahr 1789 detailliert die Rechte und Pflichten des Nachtwächters. Dazu gehörten auch die Arbeitszeiten: „Diese müssen im November, Dezember, Januar und Februar von 8 bis 5 Uhr; im März, April, September und Oktober von 9 bis 4 Uhr; im May, Juni, July und August von 10 bis 2 Uhr aufziehen." Jede volle Stunde sollte er die Uhrzeit verkünden und jede halbe Stunde in sein Horn blasen, um Diebe daran zu erinnern, dass er hellwach und auf der Hut war. Nahm er es mit seinen Pflichten einmal nicht so genau, drohten empfindliche Strafen: „Kommt ein Nachtwächter betrunken auf die Wache, so ist er das erste Mal einen Monat seines Tractaments verlustig", ist in Paragraf 14 festgehalten. Der Verlust seines Lohnes drohte auch, wenn er „liederliche Orte" betrat oder sich mit „diebischen Leuten" abgab. Nachtwächter, die ein Feuer entdeckten und vorschriftsmäßig handelten, wurden indes mit einer Zusatzzahlung von einem Gulden belohnt. Wer es aber versäumte, bei Not und Gefahr Alarm zu schlagen, dem wurde nicht nur sein Gehalt gestrichen. Er wurde auch „am Leibe hart gestraft", also körperlich gezüchtigt. Nachtwächter zu sein, so scheint es aus heutiger Sicht, war kein sonderlich erstrebenswerter Beruf. Tatsächlich gingen die meisten von ihnen tagsüber einer anderen Beschäftigung nach. Doch auch hier regelte die Nachtwächterordnung, was zulässig war und was nicht: Sie sollten „nüchterne" und „unverdrossen vigilante und beherzte Leute" sein, die überdies kein „zu sehr ermüdendes Gewerbe bei Tage treiben". Außerdem sollten sie in der Nähe der Stadt weder Felder noch Weinberge besitzen, weil in diesem Fall während der Erntezeit nicht gewährleistet gewesen wäre, dass sie nachts wirklich noch zum Einsatz als Nachtwächter fähig sind.

„Der Nachtwächter stand auf der untersten Stufe der Gesellschaft."

Als die Städte Ende des 19., Anfang des 20. Jahrhunderts flächendeckend Straßenbeleuchtungen erhielten und außerdem neue Polizeigesetze erlassen wurden, brauchte es keine Männer mehr, die mit Horn und Hellebarde durch die Straßen zogen und nach dem Rechten sahen. Wer nichts anderes als Tuten und Blasen konnte, musste sich künftig einen anderen Broterwerb suchen. Wer nicht einmal das beherrschte, erntete auch noch lange nach den Nachtwächter-Zeiten verächtliches Kopfschütteln und den Hohn seiner Mitbürger.

Heike Thissen

Schutz von oben: der Türmer

Neben dem Nachtwächter gab es in vielen Städten zusätzlich auch noch einen Türmer. Die beiden hatten unterschiedliche Pflichten. Während der Nachtwächter vor allem die Aufgaben der heutigen Polizei übernahm und unten die Gassen durchstreifte, bekleidete der Türmer eher die eines Feuerwehrpostens, weil er die Stadt in einem Kirchturm oder Stadtturm von oben bewachte. Oft wohnte er mit seiner Familie in dem Turm, in dem er auch arbeitete. Die Menschen in der Stadt warnte er – wie der Nachtwächter – vor allem mit seinem Horn. Für jede Art von Gefahr gab es verschiedene Signale. Die Bürger kannten diese und konnten beim Erklingen entsprechend darauf reagieren.

04

Die Sau rauslassen

Mobile Müllabfuhr im Einsatz

Das Leben in mittelalterlichen Städten muss für Bürger mit empfindlicher Nase entsetzlich gewesen sein. Die Nachbarn kippten frühmorgens den Inhalt ihrer Nachttöpfe in die Gasse neben dem Haus, die Köchinnen warfen die Küchenabfälle aus dem Fenster und die Hausfrauen leerten ihre Putzeimer in die Rinne in der Straßenmitte. Das stank ungeheuerlich! Kanalisation? Fehlanzeige. Essensreste, Müll und Fäkalien landeten auf der Straße und warteten dort auf den nächsten Regen oder darauf, dass jemand die Sau rausließ.

„Vom Mittelalter bis hinein ins 19. Jahrhundert war es durchaus üblich, Nutzvieh in der eigenen Wohnung zu halten, wenn sonst kein Platz dafür war", sagt der Konstanzer Historiker Ulrich Büttner. Er meint damit weder den Schmusekater noch den Schoßhund. „Ich spreche von einem Hühnerstall in der Wohnstube oder von Schafen und Schweinen in der Schlafkammer", macht er deutlich. Das sei für die Menschen damals durchaus sinnvoll gewesen: Ohne eigenen Stall benötigten die Tiere kaum Platz. Mit der Körperwärme, die sie abgaben, funktionierten sie wie eine kostenlose Heizung und konnten obendrein für den eigenen Bedarf geschlachtet oder in Notzeiten auch verkauft werden.

„Schweine waren für diese Art der Viehhaltung besonders gut geeignet, weil sie obendrein einfach alles fraßen, was die Menschen ihnen übrigließen. Man musste kein teures Futter für sie anschaffen", erklärt Büttner weiter. Und wenn zuhause doch einmal alle ihre Teller leergegessen hatten? Dann trieben die Menschen des Mittelalters ihre Schweine einfach hinaus auf die Straße. Sie ließen also buchstäblich *die Sau raus*, damit die sich unter lautem zufriedenem Grunzen am Abfall der Nachbarn und anderer Bürger bedienen und sattfressen konnte. „Das mit den Schweinen in den Gassen galt sowohl für Privatpersonen als auch für die Stadtverwaltung", sagt der Gästefüh-

Ulrich Büttner macht in einer Gasse der Konstanzer Niederburg sauber. Heute gibt es dort nicht mehr viel zu tun. Im Mittelalter war das anders. Und das hat mit den Schweinen zu tun.

rer. Einzelne Familien hätten ihr Schwein genauso zum Fressen ausgeführt, wie ein von der Stadt eigens dazu beauftragter Schweinehirt. „Für Konstanz zum Beispiel ist ein solcher überliefert, der im Auftrag der Stadt die Tiere hielt und sie dann wie eine mobile Müllabfuhr einsetzte, indem er mit ihnen durch einzelne Viertel lief, damit die Schweine dort aufräumten."

Bei den Allesfressern stand vieles auf der Speisekarte, was die Bürger zuvor weggeworfen hatten. Die Tiere suchten sich mit ihrem ausgeprägten Geruchssinn die Schlachtabfälle und Essensreste aus dem Müll auf den Straßen zusammen und entsorgten sie, indem sie sie fraßen. Dass dabei großer Lärm entstanden sein muss, weiß jeder, der einmal einer Schweinefütterung beigewohnt hat.

„Daraus ist dann die Redewendung *Die Sau rauslassen* entstanden", erklärt Ulrich Büttner. Heute bezeichnet man damit das Verhalten von Menschen, die sich – häufig unter Einfluss von größeren Mengen Alkohol – weithin hörbar daneben benehmen. „Dabei meint man ja tatsächlich oft auch das Lärmen von Menschen in der Straße. Wenn jemand zuhause in seinem Wohnzimmer mit Freunden einen über den Durst trinkt, spricht man eher selten davon, dass sie die Sau rausgelassen hätten", überlegt der Historiker.

Jemand hat die Sau rausgelassen! Hausschweine wie dieses waren im Mittelalter als mobiles Säuberungskommando in den Straßen unterwegs.

Hatte die Stadt wieder einmal *die Sau rausgelassen*, was sie regelmäßig tat, waren die Straßen danach immerhin ein kleines bisschen sauberer als zuvor. Trotzdem blieb das Problem der Müllentsorgung bestehen, denn schließlich verursachten auch die Schweine bei ihrem Gang durch die Straßen Dreck.

Das war nicht nur unangenehm für die Nase, sondern auch schlecht für die Gesundheit der Menschen. Nicht selten befand sich der Trinkwasserbrunnen direkt neben der Kloake hinter dem Haus. Zwar versuchten die Kommunen zunehmend, strenge Regeln für die Räumung der Fäkalien aufzustellen und durchzusetzen, doch diese Vorschriften wurden lange überwiegend ignoriert. Erst als feststand, dass zahlreiche Seuchen wie Pest und Cholera unter anderem eine Folge der Verschmutzung in den Straßen waren, bemühten sich die Städte um Systeme zur Abfallbeseitigung und Kanalisation. Mit Erfolg!

> *„Vom Mittelalter bis hinein ins 19. Jahrhundert war es durchaus üblich, Nutzvieh in der eigenen Wohnung zu halten."*

Wenn heute jemand *die Sau rausgelassen hat*, haben die Mitarbeiter der Straßenreinigung besonders viel zu tun. Sie haben schließlich keine tierische Unterstützung!

Heike Thissen

Weitere Möglichkeiten, die Sau rauszulassen

Auch in anderer Hinsicht wurde historisch die Sau rausgelassen: Beispielsweise bei einem Kartenspiel ähnlich dem Skat, bei dem die höchste Karte auch als Sau bezeichnet wurde. Wer sie spielte, *ließ die Sau raus*. Ebenso könnten betrunkene Studenten, die auf ihrem Heimweg Schweine aus ihren Ställen ließen, zum Entstehen der Redewendung beigetragen haben, und schlussendlich auch die Feste, die mangels Alternative in den kleinen Häusern des Mittelalters schon mal im Schweinestall stattfanden – wozu man allerdings im Vorfeld *die Sau rauslassen* musste.

05

Jemandem ein X für ein U vormachen

Mit zwei kleinen Strichen groß betrügen

Aus heutiger Sicht lässt sich nur schwer nachvollziehen, wie man *jemandem ein X für ein U vormachen* kann. Dazu sehen die beiden Buchstaben einfach zu unterschiedlich aus. Um diese Redewendung zu verstehen, muss man wissen, dass sie sich eigentlich auf Zahlen bezieht. „Bei den Römern stand das X für zehn und das V für fünf", erklärt Dr. Christine Freise-Wonka. Weil sie das V zugleich für das U verwendeten, spricht die Redewendung nicht von X und V, sondern von X und U. Aber was bedeutet sie eigentlich? Die Bamberger Stadtführerin kann es erklären: „Wer jemandem *ein X für ein U vormacht*, der betrügt oder täuscht ihn. Er macht sein Gegenüber etwas glauben, das nicht stimmt. Das kommt aus der Zeit, als die Kunden bei den Marktleuten noch gern anschreiben ließen." Erste Hinweise auf diesen Trick stammen aus dem Jahr 1435.

Wenn nun jemand beispielsweise fünf Äpfel kaufte, aber nicht gleich bezahlen wollte oder konnte, schrieb der Händler im Beisein des Kunden ein V für fünf auf den Schuldschein. Später verlängerte er einfach die beiden Striche nach unten, und schon war dort ein X für zehn zu lesen. „Auf der Rechnung für den Kunden standen jetzt also nicht mehr fünf

> *„Bei den Römern stand das X für zehn und das V für fünf."*

Äpfel, sondern zehn", sagt Christine Freise-Wonka über die Folgen des Betrugs. Diesen konnten die Händler natürlich nicht nur bei Stückzahlen anwenden, sondern auch bei Geldsummen. Denn auch die wurden mit römischen Zahlzeichen auf den Schuldscheinen notiert.

Dr. Christine Freise-Wonka hat auf einem Schild aufgemalt, warum es für Händler so einfach war, ihren Kunden ein X für ein U vorzumachen. Für die fünf Rosen in ihrer Hand hätte sie zehn berechnen können.

Christine Freise-Wonka kann sich vorstellen, dass vor der Einführung der arabischen Zahlen auch auf dem Bamberger Markt vielen Einkäufern ein X für ein U vorgemacht wurde. „Der Verkauf auf den lokalen und regionalen Märkten war meist Frauensache", erklärt sie. Natürlich waren die meisten Marktfrauen rechtschaffene Händlerinnen. Aber nicht selten seien diese in derber Sprache und mit grobem Verhalten ihrem Beruf nachgegangen: „Manch Gärtnersfrau war eine ‚Schwertgoschn' und dadurch für die Stadtbürger originell und bekannt. Davon hatten wir hier in Bamberg mehrere, von denen man heute noch spricht." Eine von ihnen, Agnes Schwanfelder, soll schon im 15. Jahrhundert einen Stiftsherren von St. Gangolf dazu aufgefordert haben, sie „im Arsche zu lecken". Denn es war keineswegs Johann Wolfgang von Goethe (1749-1832), der diesen unflätigen Satz erfand oder erstmals kundtat, als er seinen Ritter Götz von Berlichingen sagen ließ, „Vor Ihro Kayserliche Majestät hab ich, wie immer, schuldigen Respect. Er aber, sags ihm, er kann mich im Arsche lecken." Es war die Bamberger Gärtnerin, die diese Aufforderung bereits im Jahr 1454 dem Domherren zurief, außerdem wolle sie ihm „auf die Platten scheißen, daß die Brühe über die Backen in sein Maul rinne".

Auch Hannelore, verheiratete Hums, war eine so einzigartige und widerspenstige Version einer Marktfrau, dass sie als „Humsera" in die Bamberger Marktgeschichte einging. Der Mundart-Dichter Hans Morber schreibt ihr folgende Worte zu: „Wos? Zä teuer?" – „So a Maulaff!" Oder: „Kaaf wust mogst, Du alta Kuh!" Oder: „Hörscht, mir rutscht än Buckel runter." Und auch: „Mich konnst gern hom, waßt scho wu!" So und ähnlich soll die Humsera ihre Kunden beschimpft haben. Der Künstler Hans Leitherer hat die burschikose Frau in den 1930er-Jahren für die Bamberger Innenstadt in Stein gebannt. Seither steht sie immer dort, wo Markt abgehalten wird. Zuerst war sie auf dem Maximiliansplatz, in Bamberg kurz „Maxplatz" genannt, anzutreffen, dann auf der Promenade, wo der Markt jahrzehntelang stattfand, und seit den 1970er-Jahren steht sie an ihrem heutigen Standort auf dem Grünen Markt.

„Nicht selten sollen die Martkfrauen in derber Sprache und mit grobem Verhalten ihrem Beruf nachgegangen sein."

„Nach allem, was wir von diesen Frauen wissen, traue ich ihnen durchaus zu, dass sie ihre Kunden schon das ein oder andere Mal mit dem X und dem V übers Ohr gehauen haben", überlegt Christine Freise-Wonka. Doch seit sich in Deutschland Mitte des 16. Jahrhundert das arabische Zahlensystem zu verbreiten begann, ist dieses Problem gebannt. Aus einer 5 lässt sich denkbar schwer eine 10 machen.

Heike Thissen

Arabische Zahlen

Obwohl wir unser Zahlensystem arabisch nennen, ist es eigentlich ein indisches. Denn es waren Gelehrte aus Nordindien, die im dritten Jahrhundert v. Chr. ein Zehnersystem entwickelten, in dem bereits unsere modernen Ziffern zu erkennen waren. Die Araber haben es später nur übernommen, weiterentwickelt und über Nordafrika nach Europa exportiert. Dass diese Zahlen die römischen verdrängten, lag vor allem an dem deutschen Rechenmeister Adam Riese (1492-1559, siehe Redewendung 18). Er stellte fest, dass sich mit ihnen wesentlich leichter addieren und subtrahieren ließ und verwendete sie in seinen Rechenbüchern. Von da an ging es mit der Verwendung der römischen Zahlen im Alltag bergab.

06

Akademische Viertelstunde

Als die Professoren in ihren Wohnzimmern lehrten

E in verlegenes Lächeln, ein Achselzucken, ein hastiger Blick auf die Uhr. Die *„Akademische Viertelstunde"*, sagt der Zuspätkommende entschuldigend. Der, der auf ihn wartete, nickt meist verständig. Natürlich, die *Akademische Viertelstunde*! Damit ist Zuspätkommen in Deutschland gewissermaßen hoffähig – wenn es doch sogar die Bildungselite so oft getan hat, dass eine Redewendung daraus wurde!

Tammy Westerhausen, Lehrbeauftragte im Sprachenzentrum für Englisch an der Universität Jena, lässt die *Akademische Viertelstunde* bei ihren Studierenden nicht mehr gelten. Sie weiß: Entstanden ist die Redewendung nicht, weil ausgebildete Akademiker immer zu spät kamen, sondern weil Studierende die Vorlesungen oft unpünktlich erreichten. Und das hatte einen guten Grund: „Wir stehen hier im Collegium Jenense, dem ehemaligen Dominikanerkloster", sagt Tammy Westerhausen und macht eine weitausholende Bewegung. „Heute ist hier nur noch das Anatomische Institut untergebracht, aber damals, im 16. Jahrhundert, befanden sich hier alle Fakultäten, nachdem die Universität Jena 1558 gegründet wurde. Das ist ja ein recht überschaubares Areal, und entsprechend wurden die Stundenpläne auch gemacht. Die Studenten brauchten nicht viel Zeit, um von einem Hörsaal in den nächsten zu kommen." Doch die Universität sei ausgesprochen schnell angewachsen. „Es stand nicht mehr genügend Unterrichtsraum zur Verfügung, also waren die Studierenden gezwungen, zu den Professoren nach Hause zu gehen, wo die Gelehrten in ihren Wohnzimmern unterrichtet haben", erzählt die Amerikanerin, die seit vielen Jahrzenten in Deutschland lebt. Diese Wohnzimmer lagen im Gegensatz zu den Räumlichkeiten im Collegium

> *„Am Anfang wurde der Unterrichtsstoff vom letzten Mal wiederholt. Wer also gut aufgepasst hat, konnte getrost zu spät kommen."*

Auf dieser Uhr ist die Akademische Viertelstunde beinahe abgelaufen, vorausgesetzt, man war um 8 Uhr verabredet.

Tammy Westerhausen blickt im Collegium Jenense auf die Uhr. Sie muss sich beeilen, die Akademische Viertelstunde ist bald um.

Jenense ziemlich weit voneinander entfernt – eine Viertelstunde länger brauchte man da schon. „So ist die Redewendung mit der *akademischen Viertelstunde* entstanden", erzählt Tammy Westerhausen. „Zumal nicht nur Jena dieses Problem hatte: Das war in vielen kleineren Universitätsstädten so, und damit hatte sich die *Akademische Viertelstunde* eingebürgert." Und noch ein anderer Brauch sei um diese 15 Minuten entstanden: „Am Anfang wurde der Unterrichtsstoff vom letzten Mal wiederholt. Wer also gut aufgepasst hat, konnte getrost zu spät kommen."

An einigen Hochschulen dürfen Studenten auch heute noch ganz offiziell die *Akademische Viertelstunde* anwenden: Manche Vorlesungen fangen 15 Minuten später an als im Vorlesungsverzeichnis angegeben. Diese sind dann gekennzeichnet: Steht im Vorlesungsverzeichnis ein Beginn um 8 Uhr c.t., dann bedeutet das: Um 8 Uhr cum tempore, also „mit Zeit". Die Vorlesung fängt dann erst um 8.15 Uhr an. Beginnt die Vorlesung tatsächlich pünktlich, ist sie mit s.t. versehen, also „sine tempore", ohne Zeit. Manche Hochschulen verzichten aber auch auf die Angabe, wenn die Regeln bekannt sind.

Ob *cum tempore* wirklich zur Pünktlichkeit beiträgt? Schließlich ist es doch so: Wenn man weiß, dass die Veranstaltung ohnehin erst eine Viertelstunde später beginnt – dann stellt man die innere Uhr gleich eine Viertelstunde später. „Stimmt", sagt Tammy Westerhausen und lacht. „Man könnte auch gleich 9.15 Uhr hinschreiben."

Sine oder cum tempore: In ihren Wohnzimmern müssen die Dozenten heute freilich nicht mehr unterrichten. Die Amerikanerin ist darüber ganz froh. Sie ist zwar ausgesprochen gastfreundlich, hat ihr Wohnzimmer dann aber doch lieber für sich.

Eva-Maria Bast

Die Münchner Viertelstunde

An der Münchner Kirche St. Peter gibt es acht Uhren, zwei für jede Himmelsrichtung. Hält man es mit Karl Valentin, hat das schlicht und einfach diesen Grund: „Ja mei, damit acht Leute gleichzeitig auf die Uhr schauen können", soll der Komiker einst erklärt haben. Der Münchner Stadtarchivar Dr. Michael Stephan weiß aber: Das hat mit der Viertelstunde zu tun. Die oberen Ziffernblätter entstanden im 14. und 15. Jahrhundert. „Sie hatten jeweils einen Zeiger und zeigten nur die Stunde an." Die unteren vier Ziffernblätter kamen 1621 hinzu – an jeder Seite des Turms wurde ein zusätzliches Ziffernblatt für die Anzeige der Viertelstunden angebracht, erklärt Stephan. 1721 wurde das Uhrwerk erneuert, in diesem Zuge baute man die Uhren auch auf das neuartige Zweizeiger-System um, das

Am Münchner Kirchturm St. Peter hängen zwei Uhren je Seite. Die untere zeigte früher nur die Viertelstunden an.

Ende des 17. Jahrhunderts eingeführt worden war. Die beiden Ziffernblätter je Seite wurden beibehalten.

Etwas an die große Glocke hängen

Schnelle Information für viele Bürger

„Das musst du jetzt aber nicht gleich *an die große Glocke hängen*", sagen wir gerne zu jemandem, der etwas für sich behalten soll. Was wir damit meinen: Die Information soll so lange wie möglich so wenige Leute wie möglich erreichen. Es geht nicht unbedingt um strenge Geheimhaltung, aber doch um weitgehende Verschwiegenheit.

Tatsächlich ging es beim *An die große Glocke hängen* schon immer darum, so viele Menschen wie möglich auf kürzestem Weg zu informieren – sowohl im Mittelalter als auch heute. „Hier in Augsburg hatten wir dafür die schwere Sturmglocke auf dem Perlachturm in der Innenstadt", erklärt Stadtführerin Elisabeth Retsch. Seinen Namen erhielt das Geläut von seiner Funktion: Es war dazu da, Sturm zu läuten, wenn Gefahr drohte. Bei nahendem Unwetter, aber auch bei feindlichen Angriffen oder Bränden konnte der Türmer, der von oben einen guten Überblick hatte, die Bürger unten in der Stadt warnen. „Er läutete aber nicht nur die große Glocke, sondern zeigte tagsüber mit einer Fahne und nachts mit einer brennenden Laterne auch die Richtung an, aus der die Gefahr drohte", berichtet die Augsburgerin. So wussten die Menschen zwar noch nicht, was passiert war, sehr wohl aber, wo.

Meistens transportierte das Läuten nicht nur die Information, sondern auch eine Aufforderung zum Handeln. Beim Herannahen eines Feindes rief die Glocke die Männer zu den Waffen oder bei Feuersbrünsten zu den Eimern. Manchmal war das Läuten aber auch einfach dazu da, die Menschen zusammenzutrommeln, wenn zum Beispiel der Vollzug der Bürgermeisterwahl bekanntgegeben werden sollte oder wichtige Gerichtsverhandlungen anstanden.

Vom Turm aus wurden Neuigkeiten an die große Glocke gehängt. Elisabeth Retsch weiß, wie das in Augsburg funktionierte.

Die große Glocke im Augsburger Perlachturm ist nicht mehr die Sturmglocke, die im Mittelalter vor Gefahren warnte. Laut läuten kann sie trotzdem.

Wie die Bürger das eine vom anderen unterscheiden konnten? Die Glocke wurde je nach Anlass anders geläutet. So schlug der Türmer bei großer Gefahr schnell mit dem Klöppel an die Seite oder steigerte das Tempo. Bei weniger dringlichen Anlässen genügte gemächlicheres Läuten.

Die große Glocke hatte den Vorteil, dass man ihr Bimmeln auch noch in weiter Ferne vernehmen konnte. Das war gerade in ländlichen Gegenden wichtig, wo nicht nur die Bürger im Ort informiert werden mussten, sondern auch die Bewohner außerhalb der Dorfgemeinschaft.

Noch heute dürfen unter anderem hessische Gemeinden die Kirchenglocken in allgemeinen Notfällen wie Feuersgefahr, oder Hochwasser benutzen. Weil die Menschen inzwischen allerdings daran gewöhnt sind, von Sirenen aller Art und nicht von Glocken gewarnt zu werden, ist fraglich, wie viele von ihnen im Ernstfall das Läuten richtig deuten könnten.

Heike Thissen

Andere Glocken und ihre Bedeutung

Neben der großen Sturmglocke, die auch Feuer- oder Alarmglocke hieß, gab es in Städten etliche andere Glocken, die verschiedene Bedeutung hatten. Die Ratsglocke erklang, wenn amtliche Termine wie Rats- oder Gerichtssitzungen anstanden und sich die Ratsherren einfinden sollten. Die Sperrglocke informierte darüber, wann die Stadttore geschlossen wurden. Eine Viertelstunde vorher ertönte ihr Läuten und mahnte alle Auswärtigen zum zügigen Verlassen der Stadt. Eine Arme-Sünder-Glocke schließlich war so ziemlich das Letzte, was ein zum Tode Verurteilter zu hören bekam: Sie läutete, wenn der Delinquent zum Richtplatz geführt wurde. Das Läuten all dieser Glocken nennt man profanes Geläut, im Gegensatz zum Kirchengeläut.

Katharina Rosen gibt den Löffel ab – aber nur im wörtlichen Sinne.

Den Löffel abgeben
Ahnengalerie der besonderen Art

„Ich weiß nicht. Soll ich ihn dir wirklich geben? Vielleicht bringt das Unglück", sagt Katharina Rosen augenzwinkernd zu ihrer Schwester und hält ihr zögernd einen Esslöffel hin. „Ich habe eigentlich noch nicht vor, den Löffel abzugeben." Schließlich wagt sie es, drückt ihrer Schwester den Löffel in die Hand und es passiert – nichts. Natürlich nicht. Die Redewendung meint aber genau das: Wenn jemand *den Löffel abgibt*, heißt das, dass sein Leben zu Ende ist.

Wie aber wurde die Redewendung zum Synonym für den Tod? Es ist ja nicht die letzte Handlung eines Sterbenden, einen Löffel irgendwo hinzubringen oder ihn jemandem zu geben. „Doch", sagt die Bremer Stadtführerin. „Im Mittelalter war das genau so. Jeder trug sein Besteck immer bei sich. Wenn der Tisch gedeckt wurde, hat also jeder seinen Löffel mitgebracht." Je nach gesellschaftlichem Stand bestand dieser aus Holz oder aus Silber. „Und die teuren Löffel wurden innerhalb der

Familie weitergegeben", erzählt Katharina Rosen, die sich intensiv mit der Entstehung von Redewendungen befasst hat. „Wenn jemand verstorben ist, dann hat er den Löffel vererbt, ihn also abgegeben."

Es gibt noch eine weitere Variante , die eng mit der ersten verwandt ist: Wer den so wichtigen Löffel weglegte, tat dies vermutlich nur, wenn er starb. Überdies soll im Mittelalter ein zu Boden fallender Löffel als Ankündigung für den herannahenden Tod gegolten haben. „Diese Deutung ist wohl in der 1590 belegten Wendung ,ihm entfiel der Löffel' in der Bedeutung ,er ist gestorben' erkennbar", mutmaßt Natalia Filatkina vom Historisch-Kulturwissenschaftlichen Forschungszentrum Mainz-Trier der Universität Trier in einem Artikel.

„Im Mittelalter haben die Menschen ihr Besteck immer bei sich getragen."

Eine lokale Besonderheit gibt es übrigens im Schwarzwald: In manchen Familien war es Tradition, die Löffel der Verstorbenen an die Wand zu hängen – eine Ahnengalerie aus Löffeln gewissermaßen. Und wenn Knechte bei Bauern in Lohn und Brot standen, wurde ihnen manchmal ein Löffel geliehen, den sie mit dem Ende ihrer Anstellung zurückgeben mussten.

Und was ist mit Messer und Gabel? Messer gibt es ähnlich lange wie Löffel, also seit der Steinzeit. Sie dienten weniger dazu, sich das Essen auf ein anderes Besteck zu schieben, sondern schlicht zum Zerkleinern der Nahrung. Wie der Löffel war das zunächst aus Stein bestehende Messer ein persönlicher Gegenstand, den man immer bei sich trug. Im antiken Rom kam es ab etwa 90 v. Chr. in Mode. Die Gabel hingegen war zwar schon in der Antike bekannt, aber lange verpönt, galt sie wegen ihrer Zacken doch als Teufelswerkzeug. Und wer sie nicht als solches betrachtete, fand sie weibisch. Der Reformator Martin Luther sagte 1518: „Gott behüte mich vor Gäbelchen", und Erasmus von Rotterdam war wohl ebenso der Ansicht, dass ein echter Mann mit den Fingern essen könne. Er erklärte: „Was gereicht wird, hat man mit drei Fingern oder mit Brotstücken zu nehmen." Und obwohl sich die Gabel im 16. Jahrhundert an Italiens Tischen durchzusetzen begann, hieß es Anfang des 17. Jahrhunderts in einer Tischregel: „Unsere Mitglieder mögen von ihrem Tisch Gabeln und Löffel verbannen. Hat uns die Natur nicht fünf Finger an jeder Hand geschenkt? Warum wollen wir sie mit jenen dummen Instrumenten beleidigen, die eher dazu geschaffen sind, Heu aufzuladen als das Essen?" Erst Ende des 17. Jahrhunderts wurde die Gabel auch in Deutschland als Essbesteck verwendet – erneut als persönliches. Und als Ende des 19. Jahrhunderts die Industrialisierung Massenproduktionen ermöglichte, war auch die Zeit des persönlichen Essbestecks vorbei. Damit hatte es seine Bedeutung verloren, quasi *den Löffel abgegeben*. Zumindest im wörtlichen Sinne.

Löffel waren lange Zeit sehr persöhnliche Gegenstände.

Eva-Maria Bast

Ins Gras beißen

Wer *den Löffel abgibt*, *beißt* gleichzeitig auch *ins Gras*. Stellt man sich beides bildlich vor, ergeben sich wahrhaft komische Eindrücke. So komisch ist die Entstehungsgeschichte der Redewendung *Ins Gras beißen* aber nicht – sie leitet sich von der Vorstellung ab, dass Krieger, wenn sie im Kampf sterben, in die Erde beißen, vielleicht, um die Schmerzen der Wunden besser auszuhalten – man denke an das Beißholz. Schon der römische Dichter Vergil (70-19 v. Chr.) schreibt von Kriegern, die im Todeskampf in die Erde beißen. Und da wächst ja bekanntlich nicht selten Gras.

09

Aus dem Nähkästchen plaudern

Verbotene Briefe zwischen Nadel und Faden

Nähkästchen? Die mögen auf die Herrenwelt seinerzeit eine ähnliche Faszination ausgeübt haben wie Damenhandtaschen auf die Männer von heute. Vielleicht ist das der Grund, warum sich der Hamburger Stadtführer Marc Müller ausführlich mit dem Nähkästchen befasst und erforscht hat, woher der Begriff *Aus dem Nähkästchen plaudern* kommt. „Das Nähkästchen war ein Accessoire, das für gewöhnlich nie in Männerhände fiel. Zwischen Nadel und Faden lag daher so manches Geheimnis verborgen", sagt er. Das Nähkästchen sei nämlich keineswegs nur der Aufbewahrungsort für Nadel, Faden und Zwirn gewesen, sondern habe sich hervorragend geeignet, um geheime Briefe oder persönlichen Krimskrams zu verstecken.

„Populärstes Beispiel ist das Nähkästchen von Theodor Fontanes literarischer Hauptfigur Effi Briest. Ihr Mann fand darin Briefe, die sie ihrer Affäre mit Major von Crampas überführten." Die unglücklich verheiratete Effi lässt sich nach der Geburt ihrer Tochter Annie auf eine Affäre mit Major von Crampas ein, kämpft jedoch mit Gewissensbissen, und so ist sie froh, als ihr Mann ihr verkündet, man müsse aus beruflichen Gründen fortziehen, nach Berlin. Effi genießt das Großstadtleben, sie findet genug Ablenkung und vergisst die Affäre mit dem Major immer mehr. Seine Briefe indes entsorgt sie nicht, sondern versteckt sie – ja, genau: in ihrem Nähkästchen.

Sechs Jahre später fährt Effi zur Kur, ihre kleine Tochter Annie ist bei Kindermädchen Roswitha zu Hause. Als das Mädchen mit Roswitha die Treppen hinaufrennen will, stürzt Annie, fällt mit der Stirn auf den Fußkratzer und blutet. Gemeinsam mit dem Dienstmädchen Johanna sucht Roswitha nach einem Verband und erinnert

In einem Nähkästchen verbargen Frauen früher nicht nur Nadel und Faden, sondern durchaus auch den einen oder anderen persönlichen Gegenstand.

sich dabei an „die lange Binde (...), die die gnädige Frau letzten Winter zuschnitt, als sie sich auf dem Eise den Fuß verknickt hatte (...).“ Johanna fällt ein, dass sie den Verband im Nähtisch gesehen hat. „Er wird wohl zu sein, aber das Schloß ist Spielerei; holen Sie nur das Stemmeisen, Roswitha, wir wollen den Deckel aufbrechen.“ Die beiden Frauen durchstöbern den reich gefüllten Nähtisch und finden zwar keine Binde, aber eine ganze Reihe anderer Dinge, „zuletzt ein kleines Konvolut von Briefen, das unter dem dritten Einsatz gelegen hatte, ganz unten, mit einem roten Seidenfaden umwickelt“. Und dann kommt Effis Gatte Innstetten, sieht, dass seine Tochter verletzt ist und bemerkt auch das Chaos im Nähkästchen. Roswitha erklärt ihm, dass sie eine Binde gesucht hat – umsonst. Später will Innstetten das Nähkästchen wieder einräumen, als ihm das Bündel mit den Briefen in die Hände fällt. Er zögert zunächst, blättert dann flüchtig darin herum, erkennt die Handschrift schließlich. „Innstetten wußte nichts von einer Korrespondenz zwischen Crampas und Effi, und in seinem Kopf begann sich alles zu drehen.“

Marc Müller stöbert in einem Nähkästchen. Was er darin wohl entdeckt?

Mit den Briefen geht er zunächst in sein Zimmer, dann nach draußen. Annie stellt fest, dass er seltsam aussieht und Johanna bestätigt: „Ja, Annie. Er muß großen Ärger gehabt haben. Er war ganz blaß. So hab ich ihn noch nie gesehen.“ Draußen liest er wieder die Worte: „Fort, so schreibst Du, Flucht. Unmöglich. Ich kann meine Frau nicht im Stich lassen“, und: „Sei heute noch einmal an der alten Stelle. Wie sollten meine Tage hier verlaufen ohne Dich!“

Innstetten fordert seinen Rivalen zum Duell. Effis einstiger Geliebter fällt, Innstetten verlässt seine Frau. Aufgrund der aufgeflogenen Affäre auch von ihren Eltern verstoßen, zieht Effi mit der treuen Roswitha in eine kleine Wohnung. Tochter Annie wird von der Mutter

ferngehalten. Dann, endlich, dürfen Mutter und Tochter sich wieder-
sehen, doch Effi stellt fest, dass sie Annie inzwischen fremd geworden
ist und erleidet einen Nervenzusammenbruch. Zwar lassen sich die
Eltern auf Anraten des Arztes erweichen, Effi doch wieder zu sich zu
nehmen, um sie zu pflegen, doch mit der
Genesung geht es nicht voran, Effi stirbt
im Alter von etwa 30 Jahren – an einem
gebrochenen Herzen.

*„Ja, Annie. Er muß großen
Ärger gehabt haben. Er war
ganz blaß. So hab ich ihn
noch nie gesehen."*

    Die Tatsache, dass ausgerechnet das
Unglück eines Kindes dazu führt, dass die
– wenn auch vergangene – Affäre der
Mutter auffliegt, hat einen starken moralischen Aspekt. Apropos
Moral: Die dieser Geschichte ist: Man mag zu Affären stehen, wie man
will. Verräterische Utensilien sollte man aber keinesfalls im Nähkästchen – und schon gar nicht in der Handtasche – aufbewahren.

Eva-Maria Bast

Aus der Schule plaudern

Die Redewendung *Aus dem Nähkästchen plaudern*, auf die Fontane in
„Effi Briest" anspielt, hat einen Vorgänger: *Aus der Schule plaudern.*
Diese Redensart ist zu Beginn des 16. Jahrhunderts entstanden. Damals
war der Schulbesuch einer privilegierten Schicht vorbehalten. Diejenigen, die in den Genuss von Bildung und Wissenschaft kamen, verteidigten ihr Wissen eifersüchtig. Die Geheimisse der Ausbildung
sollten gewahrt bleiben.

10

Ein Spießer sein

Von stolzen Kämpfern und prüden Bürgern

Niemand will *ein Spießer sein*! Die Spießer gelten als engstirnig und altmodisch, unflexibel und angepasst. Sie bleiben gerne unter sich und meiden alles, was ihre heile Welt durcheinander wirbeln könnte. Kaum zu glauben, dass es einmal eine Zeit gab, in der viele Menschen unbedingt Spießer sein wollten! Der Konstanzer Stadtführer Egon Schwär hat sich intensiv mit den Spießern beschäftigt und weiß, warum die heute so verpönten Gesellen einst angesehene Leute waren: „Ursprünglich wurden die mittelalterlichen Bürger als Spießer oder Spießbürger bezeichnet, die sich und ihre Stadt mit langen Spießen gegen Feinde verteidigten. Die Waffen ließen sich schnell und einfach herstellen und waren obendrein billig." Der Begriff sei in seiner eigentlichen Form ein Kompliment gewesen, schließlich waren diese Männer wichtig für die Verteidigung.

Doch wie ist daraus ein Schimpfwort geworden? „Die Form der Verteidigung mit dem Spieß war nur so lange effizient, wie es noch keine Schusswaffen gab", erklärt Egon Schwär. Sobald die ersten Kanonenkugeln auf eine Stadt abgefeuert wurden, waren die Spießbürger mit ihren Stichwaffen jedoch machtlos. Wer dennoch an dieser Verteidigungsstrategie festhielt, der machte sich zum Gespött derer, die diese modernen Geschosse bereits bedienen konnten.

Der Sprachwissenschaftler Lutz Röhrich schreibt in seinem Werk zu den sprichwörtlichen Redensarten über die Spießbürger des 16. Jahrhunderts, dass sie an ihren Niederlagen selbst schuld waren, „weil sie nie einen Blick über die Mauern der Stadt hinaus getan hatten, sich in ihrer Beschränktheit wohlge-

> *„Diese Form der Verteidigung mit dem Spieß war nur so lange effizient, wie es noch keine Schusswaffen gab."*

Egon Schwär ist gerne ein Spießer. Als Landsknecht mit dem Spieß führt er Besucher durch seine Heimatstadt Konstanz am Bodensee.

fühlt und die moderne Entwicklung nicht kennengelernt hatten". Kein Wunder, dass ihnen von da an nur noch wenig Respekt gezollt wurde!

Vor allem die Studenten des 18. Jahrhundert haben dann die Redewendung verbreitet. Während sie sich selbst für besonders welt-offen und überlegen hielten, schauten sie abfällig auf all jene herab, die in ihren Augen altmodisch waren.

Heike Thissen

Leonardo da Vinci und die Schusswaffen

Bis ins 16. Jahrhundert hinein waren Spießbürger mit ihren Waffen den Angriffen der Feinde gewachsen. Lange Zeit ging man davon aus, dass Leonardo da Vinci (1452-1519) es war, der den Zündradmecha-nismus erfunden hat. Dabei schlägt ein gezahntes Rädchen gegen einen Feuerstein und erzeugt einen Funken, der in die Zündpfanne geleitet wird. Bis zur Erfindung der Pistole war es von hier aus nur noch ein kleiner Schritt. Doch tatsächlich hatten diese Waffen mit da Vinci nichts zu tun. Wer genau den Mechanismus erfunden hat, ist nicht geklärt. Fest steht aber: Die Spießbürger waren mit ihren langen Stangen machtlos gegen fliegende Geschosse.

So geht es wirklich, das Aufschlagen eines Buches: In der Bibliothek von Schloss Greifenstein in Oberfranken zeigt Reiner Benker, was es mit der Redewendung auf sich hat.

II

Ein Buch aufschlagen
Wie sich alte Schwarten öffnen ließen

Manche Redewendungen sind so tief im alltäglichen Sprachgebrauch verankert, dass sie selbst bei genauem Hinsehen und Hinhören nicht als solche auffallen. Doch gerade bei diesen lohnt es sich, der Sache auf den Grund zu gehen. Das sieht auch Reiner Benker so. Deshalb nimmt der Kastellan des Schlosses Greifenstein in Oberfranken bei seinen Führungen in der historischen Bibliothek gern ein Buch aus dem Regal, drückt es einem seiner Zuhörer in die Hand und bittet ihn, es aufzuschlagen.

„Natürlich machen alles dasselbe: Sie öffnen das Buch auf einer beliebigen Seite", erklärt er, „und dann kommt der Moment, in dem ich frage, ob sie das Buch wirklich aufgeschlagen haben." Nein, eigentlich nicht! Niemand hat auf das Buch geschlagen! „Das ist jedes Mal ein schönes Aha-Erlebnis, wenn den Leuten klar wird, dass sie die ganze Zeit eine Redewendung verwendet haben, ohne es überhaupt zu bemerken", freut sich Benker beim Gedanken daran.

Im Mittelalter ließ sich ein Buch tatsächlich am schnellsten öffnen, indem man mit der Faust auf seinen Deckel schlug. Anhand eines Messbuchs des Bamberger Fürstbischofs aus dem Jahr 1641 demonstriert Reiner Benker, was genau es mit der Redewendung auf sich hat. „Bei diesem Buch wurden abends die Seiten zusammengepresst und die beiden Deckel mit einer Metallschnalle verschlossen. Doch über Nacht dehnte sich das Papier aus, und der Druck auf die Buchklappen wurde so groß, dass sie sich am nächsten Morgen kaum öffnen ließen. Aber wenn man mit der Faust von außen auf sie schlug, sprang die Spange auf und das Buch war geöffnet", erklärt der gelernte Buchhändler.

Bevor Johannes von Gutenberg (1400-1468) um 1450 die beweglichen Lettern und die Druckerpresse erfand, waren Lesen und Schreiben weitgehend den Mönchen in den Klöstern und wenigen privilegierten Menschen vorbehalten. Die mühevoll erstellten und demnach sehr wertvollen Handschriften mussten entsprechend aufbewahrt werden. Mit den beiden Deckeln und der verbindenden Klammer ließen sich Ansammlungen von losen Blättern genauso

„Und dann kommt der Moment, in dem ich frage, ob sie das Buch wirklich aufgeschlagen haben?"

pressen und schützen wie später die Buchblöcke in der Frühzeit des Buchdrucks. „Bis ins 16. Jahrhundert hinein hat man hierfür meist Bretter aus Eiche oder Buche verwendet, die als Deckel am Buchblock befestigt wurden", sagt Reiner Benker. Damit sie schöner aussahen und außerdem noch besser geschützt waren, wurden die Deckel mit Leder oder Pergament überzogen. Und da besonders Handschriften auf Pergament sehr empfindlich auf Veränderung in der Luftfeuchtigkeit reagierten und sich schnell wellten, musste der Buchblock immer unter einem gewissen Druck stehen. Den habe man mit den Schließen aus Metall erzeugt, die das Buch fest zusammendrückten und die sich durchs Aufschlagen ganz einfach wieder öffnen ließen, weiß Reiner Benker.

Nur Bücher mit Schnallen lassen sich aufschlagen. Alle anderen muss man öffnen.

„Vor allem Kinder sind davon immer sehr beeindruckt. Schließlich bekommen sie mehrmals am Tag in der Schule zu hören, dass sie eine Seite in einem Buch aufschlagen sollen", erzählt der Kastellan von seinen Erfahrungen. Er freut sich, dass die Schüler, die bei seiner Führung dabei waren, dann ihren Lehrern erklären können, dass man einzelne Seite nicht aufschlagen kann. Das ist nur mit Büchern möglich. Vorausgesetzt, sie besitzen eine entsprechende Metallschnalle.

Heike Thissen

Buch mit sieben Siegeln

Um ein Buch und seine Verschlüsse geht es auch im *Buch mit sieben Siegeln*. Damit kommt zum Ausdruck, dass man etwas überhaupt nicht versteht oder keine Ahnung von etwas hat. Die Redewendung bezieht sich auf die Offenbarung des Johannes im Neuen Testament. Es geht um ein *Buch mit sieben Siegeln*, das so gut verschlossen ist, dass niemand einen Blick hineinwerfen kann. Nur Jesus in Gestalt eines Lammes ist würdig, das Buch zu lesen. Sind die Siegel geöffnet, beginnt die Apokalypse, das Ende der Welt und der ultimative Kampf von Gut gegen Böse.

12

Mein Name ist Hase ...

... ich weiß von nichts!

E r hieß Karl Victor von Hase. Und er wusste von nichts. Vor allem nicht, dass man seinen Namen und einen von ihm geprägten Spruch einmal tausendfach im Mund führen würde – ohne, dass diejenigen, die den Satz aussprechen, überhaupt wissen, warum der Hase von nichts wusste.

Die Geschichte um Wissen und Nichtwissen geht so: Karl Victor von Hase, der auf den Rufnamen Victor hört, erblickt am 3. November 1834 das Licht der Welt und studiert, nach dem Besuch der Grundschule in Jena und des Gymnasiums in Eisenach, ab 1853 an der Universität Jena Rechtswissenschaften. Nach einem Jahr wechselt er an die Universität Leipzig und später an die Universität Heidelberg. „Dort lernt er einen Studenten kennen, der einen Mord begeht. Um nicht verhaftet zu werden, flieht dieser – doch er hat keine Papiere und bittet Victor um die seinen", erzählt Christian Hill, Historiker aus Jena, der sich mit der Biografie Victor von Hases beschäftigt hat. Zwar zögert Victor, hat Angst vor der Schuld, die er auf sich laden wird, wenn er dem Täter zur Flucht verhilft, aber er findet eine Lösung: Den Ausweis will er zufällig verlieren, sein Freund soll ihn zufällig finden. Dieser aber wird gefasst, und weil er Karl Victor von Hases Papier bei sich trug, wird auch dieser bei einer Gerichtsverhandlung befragt. Er erklärt, er habe die Papiere verloren und spricht die Worte, die später einmal so berühmt werden sollten: *„Mein Name ist Hase, ich verweigere die Generalfrage, ich weiß von nichts."*

> *„Dort lernt er einen Studenten kennen, der einen Mord begeht. Um nicht verhaftet zu werden, tritt der Student die Flucht an – doch er hat keine Papiere und bittet Victor um die seinen."*

„Das Interessante ist tatsächlich, dass er selbst Jurastudent war und später sogar Richter wird", kommentiert Christian Hill.

Christian Hill vor dem Denkmal für Karl August von Hase, Vater unseres Protagonisten.

Das sei der Ursprung des Sprichworts gewesen, sagt der Historiker. „Es hat sich wohl zunächst über die Studentenpresse verbreitet und wurde dann, verkürzt um die Verneinung der Generalfrage, zum geflügelten Wort."

Es gelingt dem angehenden Juristen Victor von Hase ganz gut, seinen Kopf dieserart aus der Schlinge zu ziehen: Der vermeintlich nichtwissende Hase wird am 27. Juli 1857 in Jena zum Doktor der Rechte promoviert, später ist er Unteroffizier in der Armee des Großherzogs von Sachsen-Weimar, dann Fähnrich und schließlich, nach dem Militärdienst, Auditor (Vernehmungsrichter) in Eisenach. Doch gegen Krankheit kann auch ein Jurist nichts ausrichten, Victor von Hase wird im März 1860 schwer krank. Er leidet an Nervenfieber, einer Lungenentzündung und einer Kopfrose. Einen Monat später stirbt er.

Er heißt Karl Victor von Hase. Und er weiß von nichts.

Wenn man den Menschen namens Hase auch längst vergessen hat: Das von ihm geprägte Wort führt man immer noch im Mund, was ihn in gewisser Weise unsterblich gemacht hat. Und in Jena steht gegenüber der Universitätsbibliothek ein Denkmal: für seinen Vater Karl August von Hase. Und der, sagt Christian Hill, ist ebenfalls ausgesprochen interessant: „Er war Theologieprofessor an der Uni Jena, der aber als bürgerlicher Revolutionär auf der Festung Hohenasperg wegen Hochverrats einsaß", erzählt er. „Trotzdem war er später mehrfach Rektor der Jenaer Universität und Ehrenbürger der Stadt." Und die Familie hat noch weitere spannende Mitglieder: Karl August von Hases Enkel Paul von Hase gehörte zum Kreis der Attentäter vom 20. Juli 1944, dessen Ziel die Tötung Adolf Hitlers war. Claus Schenk Graf von Stauffenberg deponierte einen Sprengsatz im Hauptquartier des Führers, die den Diktator durch eine Verkettung unglücklicher Umstände aber nur leicht verletzte.

Mit Tieren hat die Redewendung *Mein Name ist Hase* also rein gar nichts zu tun. Trotzdem, erzählt Christian Hill, habe sich eine Kommilitonin einmal einen Scherz erlaubt und das Denkmal für Karl August von Hase mit einem Bund frischer Karotten statt Blumen geschmückt. Denn ein Herr Hase muss auch Karotten mögen. Oder nicht?

Eva-Maria Bast

Ein Lied für den Hasen

Die Redewendung wurde 1971 sogar von Schlagerstar Chris Roberts vertont. Roberts war in den Siebzigern eine wahre Schlagerlegende. Er textete: „Wir waren verliebt bis unter die Haut / da raschelt es laut und vor uns zwei / steht staunend ein Hase und sagt: O verzeih! / Mein Name ist Hase / ich weiß von nichts!" Das Lied hielt sich mehrere Monate in den deutschen Single-Charts.

Marion Wrede betreibt vor dem Altar der hannoverschen Marktkirche Hokuspokus.

13

Was ist denn das für ein Hokuspokus?

Verstehen leicht gemacht

Hoc est enim corpus meum! Selbst wer regelmäßig zum Abendmahl in die katholische Kirche geht, bekommt diese Worte aus dem Lukasevangelium nicht mehr zu hören, denn schließlich wird heute die Konsekrationsformel „Denn dies ist mein Leib" auf Deutsch gesprochen. Vor dem Zweiten Vatikanischen Konzil, das vom 11. Oktober 1962 bis zum

8. Dezember 1965 im Vatikan stattfand, war das anders: „Während der Wandlung des Brotes zum Leib Christi und des Wassers zu Wein sagte der Priester bei der Eucharistiefeier: ‚Hoc est corpus meum'", erzählt die hannoversche Kirchenpädagogin Marion Wrede, die sich sehr gut mit der Herkunft der Redewendungen im Zusammenhang mit der Bibel auskennt. „Die Menschen waren des Lateinischen damals nicht mächtig, und oft haben die Priester die Konsekrationsformel ja ziemlich vor sich hingemurmelt", schildert die Kirchenpädagogin schmunzelnd. Da konnte man schnell genau das verstehen: *Hokuspokus.*

Damals wie heute hat der Ausspruch diese Bedeutung: Da macht jemand etwas, das ich nicht verstehe, vielleicht auch etwas, dessen Sinn sich mir nicht erschließt. Für Marion Wrede liegt es nahe, in diesem Zusammenhang auf Martin Luther (1483-1546) hinzuweisen, der für die katholische Auslegung der Eucharistie regelrechte Abscheu empfand. Die Eucharistie gilt im Katholizismus als Opfer, als eine Handlung, durch die der Gläubige von seinen Sünden befreit werde.

Luther sah jedoch den Glauben als unbedingte Voraussetzung für die Heilwirkung des Sakraments, nicht die Handlung an sich. Und deshalb sei es auch entscheidend, beim Abendmahl wirklich daran zu glauben und dessen Sinn zu verstehen. „Bei Luther wurde das Abendmahl deshalb nicht wie bislang üblich in lateinischer, sondern in deutscher Sprache gehalten", schildert Marion Wrede.

„Das war ja eine seiner Erneuerungen, dass die Bibel ins Deutsche übersetzt und der Gottesdienst auf Deutsch gefeiert wird. Er wollte, dass die Leute verstehen, was gepredigt wird und auch die Handlungen begreifen. Er hat das alles erklärt. Die Menschen wussten ja nicht, warum man ein Kind tauft oder warum man einen Segen spricht. Das war alles unbekannt. Deshalb ließ

> *„Die Menschen waren des Lateinischen damals nicht mächtig, und oft haben die Priester die Konsekrationsformel ja ziemlich vor sich hingemurmelt."*

Luther Bilder malen, auf denen Kinder getauft wurden und der Sinn der Taufe erklärt wird."

Darstellung einer Messe im Mittelalter.

Wie bei vielen Redewendungen gibt es aber auch hier noch weitere Erklärungsansätze zur Entstehung: Einer davon lautet, die reformierten Kirchen hätten sich durch diese Redewendung über die Zeremonie der Katholiken lustig machen und unterstreichen wollen, wie wichtig ein Gottesdienst in der jeweiligen Landessprache ist. Es gibt eine Schrift, die das belegt: Der Erzbischof von Canterbury, John Tillotson, ließ 1694 wissen: „In all probability those common juggling words of hocus pocus are nothing else but a corruption of hoc est corpus, by way of ridiculous imitation of the priests of the Church of Rome in their trick of Transubstantiation." Will heißen: Aller Wahrscheinlichkeit nach ist der Gebrauch des Wortes *Hokuspokus* eine Verballhornung von *hoc est corpus*, eine Nachahmung, die die Priester der Kirche von Rom ins Lächerliche ziehen soll.

Und es gibt noch eine dritte These, die auch das Herkunftswörterbuch des Duden vertritt: Dass das Wort im 16. Jahrhundert schlicht aus Zaubersprüchen entstanden ist: „Zugrunde liegt wahrscheinlich eine im 16. JH bezeugte pseudolat. Zauberformel fahrender Schüler ‚hax, pax, max, deusadimax', deren Anfang verstümmelt wurde und seit dem 17. JH zunächst in England als *hocaspocas* – in verschiedener Form erscheint."

Hier angekommen wären wir dann also gewissermaßen bei der Frage vom Huhn und dem Ei, denn auch heute wird *Hokuspokus* ja gerne gesagt, wenn jemand in die Trickkiste greift. Zauberei ist etwas, das man nicht durchschaut. Wie früher auch die Handlungen in den Gottesdiensten vielen Gläubigen ein Rätsel blieben.

Eva-Maria Bast

Hokuspokus in der Literatur

In England erscheint im Jahr 1634 ein Lehrbuch für Taschenspieler mit dem hübschen Titel „Hocus Pocus junior the anatomie of Leger-demain". Geschrieben hat es Elias Piluland. 1667 wird es ins Deutsche übersetzt und heißt: „HocusPocus oder Taschen-Spieler." Man nimmt an, dass sich das englische Wort „hoax", zu deutsch: „Streich" vom lateinischen „hocus" ableitet.

1663 taucht der Begriff „Haccus, Maccus, Baccus" bei Andreas Gryphius (1616-1664) auf, als er seine Cyrilla sagen lässt: „Geht/ geht/ geſchwinde geht/ liebes Kind! Die heilgenſieben Planeten/ die trôſten uns in allen nôthen! Haccus, Maccus, Baccus, die heilgenWort/ die bewahren uns in allem Ort!" 1675 kam das Werk „Machiavellischer Hocus Pocus Oder Statistisches Taschen-Gauckel- und Narren-Spiel von dem Jean-Potagischen Tausend-Künstler, Mons. Courtisan" her-aus. Und schließlich finden wir den Begriff „Hockuspockus" auch bei Johann Wolfgang von Goethe, der es für eine für eine kirchliche Zere-monie, eine Kerzenweihe in der Sixtinischen Kapelle verwendet.

14

Torschlusspanik haben
Draußen bleiben oder zahlen

Ende 30 und noch immer nicht in den Hafen der Ehe eingelaufen? Das wäre ein passender Moment, um *Torschlusspanik* zu bekommen. Und in der Tat wird der Begriff vor allem im Hinblick auf den Wunsch, den richtigen Partner zu finden, angewandt. Wobei eine namhafte Internetseite für Partnersuche schreibt: „Früher bezeichnete Torschlusspanik eher die Angst, keinen Mann mehr abzukriegen. Inzwischen steht der Kinderwunsch im Vordergrund. Denn obwohl eine späte Mutterschaft für Frauen immer normaler wird, irgendwann wird es knapp, denn das Alter schreitet unerbittlich fort."

Der Ursprung der Redewendung hat allerdings weder etwas mit dem Alter zu tun, noch mit dem Wunsch, einen Partner zu finden – sondern schlichtweg mit der Notwendigkeit, nach Hause zu kommen. „Die mittelalterlichen Städte waren alle von dicken Mauern umgeben", erzählt der stadtkundige Würzburger Dirk Eujen. „Wenn die Dunkelheit anbrach, wurden die Tore geschlossen, schließlich sollten sie die Stadt in der Nacht vor unliebsamen Besuchern schützen. Das war der sogenannte Torschluss." Und draußen vor der Stadt bleiben zu müssen, mag sich ähnlich angefühlt haben, wie die Gefahr, keinen Partner mehr abzubekommen oder zu alt für ein Kind zu sein. „Insofern passt der Vergleich ja schon", findet Dirk Eujen, der persönlich keine *Torschlusspanik haben* muss: Mit seiner Frau Sabine ist er seit Jahrzehnten glücklich verheiratet, zur Familie gehören Tochter und eine Enkelschar. Die beiden leben nahe der wehrhaften Würzburger Stadtbefestigung.

„Es war früher extrem wichtig, bei Anbruch der Dunkelheit zu Hause zu sein", sagt Eujen. Und das nicht nur, weil man, anders als heute, keine Möglichkeit hatte, sich in ein Hotel einzumieten. Nein, vor den Toren war die Gefahr ausgesprochen groß, Opfer von Wegelagerern oder streunenden Tieren zu werden. Meistens gab es aller-

Dirk Eujen vor dem Zeller Tor in Würzburg. Torschlusspanik muss er aber nicht mehr haben, auch wenn es geschlossen ist.

dings eine Möglichkeit für die Zuspätkommenden, noch in die Stadt hinein zu kommen – so auch in Würzburg. Dirk Eujen zeigt das „Schlupfloch" am Original erhaltenen Zeller Tor, in das eine kleinere Tür eingebaut ist. „Sehen Sie, hier konnten diejenigen eingelassen werden, die zu spät kamen", sagt er. „Sie mussten dann aber eine Gebühr bezahlen."

Wie wichtig es den Stadtbewohnern war, abends in die Stadt hineinzukommen, belegt ein Ereignis aus Hamburg aus dem Jahr 1808, als vor den Stadttoren eine Massenpanik ausbrach: „Gestern Abends entstand bey dem Thorschluß von Hamburg, wo bey schönem Wetter mehrere tausend Menschen versperrt worden waren, ein Tumult. Das Volk warf auf das wachhabende holländische Militär mit Steinen, welches erst blind, dann scharf feuerte, wodurch einige Menschen getödtet, und mehrere verwundet wurden", ist in der Augsburgischen Ordinari Postzeitung vom 2. Mai 1808 zu lesen.

Die Tür, durch die Zuspätkommende hindurch durften, ist heute noch zu sehen.

Tore dienten auch der Kontrolle, wer in die Stadt ein- und ausreiste: Die Stadt Leipzig zum Beispiel veröffentlichte die Namen der Reisenden, die in die Stadt gelassen wurden, in einem sogenannten Torzettel. Auch die Wagenladungen wurden von den städtischen Torschreibern kontrolliert. Verließ der Händler die Stadt wieder, wurde der Wagen erneut kontrolliert und auch geprüft, ob er seine Abgaben – Zölle waren in Leipzig am Markt fällig – entrichtet hatte.

Ohnehin hatten Reisende einen „Torgroschen" zu entrichten. Diesen Wegzoll verlangten in Europa erstmals germanische Stämme, wenn die Reisenden Gebirgspassagen durchqueren wollten. Auch im

Heiligen Römischen Reich Deutscher Nation (bis 1806) war Wegzoll üblich. Wie es heute beispielsweise auf französischen Autobahnen immer wieder Zahlstationen gibt, mussten auch im Mittelalter die Reisenden an mehreren Zollstationen Abgaben leisten. Eine Besonderheit war der Pflasterzoll: Die Pflasterung von Straßen war eine große Errungenschaft, die doch wesentlich komfortableres Reisen ermöglichte. Mit dem Fahren durch Schlamm und Matsch war

„Wenn die Dunkelheit anbrach, wurden die Tore geschlossen, schließlich sollten sie die Stadt in der Nacht vor unliebsamen Besuchern schützen. Das war der sogenannte Torschluss."

nun auf immer mehr Wegen Schluss. Um die Pflasterung und den Unterhalt zu finanzieren, erhoben die Städte oder Landherren einen Pflasterzoll. Und auch, wenn die Reisenden – wie heute auch – über die Abgaben murrten: Trockenen Fußes durch die Städte zu gelangen, war ihnen sicherlich nicht ganz unrecht.

Eva-Maria Bast

Zwei Fakten zu Stadttoren

- Um all die Arbeit zu verrichten, die rund ums Tor anfiel, waren mehrere Personen zuständig: Es gab den Torschreiber, den Torwächter und den Schlagzieher. Dessen Aufgabe war es, die Schlagbäume an den äußeren Toren zu öffnen und zu schließen.
- An den Stadttoren endete meistens auch das Stadtrecht: Außerhalb befand man sich im Rechtsbezirk der jeweiligen Landes- oder Grundherren.

15

Ein Schlitzohr sein

Warnhinweis für künftige Auftraggeber

Einen Ring im Ohr? Den sucht man bei Michael Krombacher vergebens. Deshalb wird aus dem jungen Mann auch nie ein echtes *Schlitzohr* werden – zumindest nicht im ursprünglichen Sinn. Selbst wenn er wollte. „Für uns ist ein *Schlitzohr* jemand, der listig ist, andere zu täuschen weiß und eine gewisse Bauernschläue mitbringt", erklärt er. Jeder kann eines sein, vom kleinen Kind bis zum einflussreichen Politiker. Früher war das anders. „Da waren vor allem Handwerker Schlitzohren, und das im wahrsten Sinne des Wortes: Wenn sie besonders schlechte Arbeit geleistet oder etwas Schlimmes angestellt hatten, schlitzte man ihnen zur Warnung für künftige Auftraggeber ein Ohr", sagt der Mitarbeiter der Nürnberger Conress- und Tourismuszentrale.

Und das ging so: Die meisten Handwerkergesellen, die sich nach ihrer Lehre auf die Walz begaben und auf der Suche nach Auftraggebern übers Land wanderten, trugen in einem Ohr einen goldenen Ring, der sie als Angehörige ihrer Zunft kennzeichnete und oft ihr wichtigster Besitz war. „Das Schmuckstück konnte ein Notgroschen für schlechte Zeiten sein. Es sollte aber auch gewährleisten, dass ein ordentliches Begräbnis bezahlt werden konnte, wenn der Geselle in der Fremde verstarb", hat Michael Krombacher herausgefunden. Doch wenn sich diese Gesellen etwas zu Schulden kommen ließen, weil sie beispielsweise schlechte Arbeit abgeliefert oder jemanden betrogen hatten, entriss ihnen der Meister den Ring durch das Ohrläppchen, das dadurch buchstäblich aufgeschlitzt wurde. „Das tat vermutlich nicht nur furchtbar weh, sondern wuchs auch nie wieder ganz zusammen. Bis zu seinem Lebensende musste so ein Handwerker als *Schlitzohr* herumlaufen und somit seine Mitmenschen und potentielle Auftraggeber vor sich selbst warnen", erklärt Krombacher die Folgen. Oft blieb diesen Männern mit geschlitztem Ohr nichts anderes übrig, als sich als Landstreicher, Tagelöhner oder Söldner zu verdingen. Denn

Auf dem Henkersteg in Nürnberg demonstriert Michael Krombacher,
wie schmerzhaft es war, zum Schlitzohr gemacht zu werden.

ihre Ehre hatten sie auf Lebenszeit verwirkt, aus ihrer Zunft waren sie verbannt.

Ob es diese Strafe mit dem ausgerissenen Ohrring wirklich gab, ist nicht zu hundert Prozent gesichert. „Das ist eine sehr naheliegende Erklärung, aber es gibt Sprachwissenschaftler, die sie bezweifeln", schränkt Krombacher ein. Sie ziehen zur Erklärung des Begriffes nicht einen Ohrring, sondern eher den Teufel heran: Weil in der Vorstellung der Menschen Luzifer oft nicht nur geschlitzte Füße, sondern auch geschlitzte Ohren hatte, könnte das *Schlitzohr* auch auf das Durchtriebene, Teuflische in einem Menschen Bezug nehmen. Wie dem auch sei: Michael Krombacher ist auf jeden Fall kein *Schlitzohr*. Und er will auch nie eines werden.

> *„Bis zu seinem Lebensende musste so ein Handwerker als Schlitzohr herumlaufen und somit seine Mitmenschen und potentielle Auftraggeber vor sich selbst warnen."*

Heike Thissen

Der goldene Ohrring

Den goldenen Ohrring, der den Handwerksgesellen bei Vergehen unter Umständen entrissen wurde, trugen sie im linken Ohr. Er zeigte das Handwerkswappen und kennzeichnete den wandernden Lehrling. Das Loch wurde dem jungen Mann von seinem Lehrmeister mit einem Hufnagel gestochen. In Deutschland verbreitete sich der Ohrschmuck für wandernde Bauhandwerker ab Mitte des 19. Jahrhunderts.

Sybille Kleinschmitt wünscht niemanden dahin, wo der Pfeffer wächst, außer sich selbst. Das Gewürz kauft sie am liebsten frisch auf dem Freiburger Markt.

16

Jemanden hinschicken, wo der Pfeffer wächst

Bis ans andere Ende der Welt und noch weiter

Er fehlt in keinem Gewürzregal und in kaum einem Gericht. Ob in Form von ganzen Körnern, gestoßen oder gemahlen, ob in Weiß, Schwarz oder Bunt: Pfeffer ist in der deutschen Küche allgegenwärtig. Das war aber nicht immer so. „Pfeffer war lange Zeit ein sehr kostbares Gewürz, das in Indien angebaut wurde und eine lange Reise hinter sich hatte, bevor es in

Mitteleuropa auf den Märkten landete", erklärt Historikerin Sybille Kleinschmitt. Mit dem Begriff Indien, dem Ursprungsland des Gewürzes, konnten die meisten Menschen im Mittelalter nicht viel anfangen. Sehr wohl war ihnen aber bewusst, dass *wo der Pfeffer wächst* ganz weit weg war und somit ein geeigneter Ort, um jemanden dorthin zu verwünschen, den man nicht ertragen konnte oder wollte. „Weiter weg als Indien – das konnte sich keiner vorstellen", fasst die Freiburgerin zusammen.

Pfeffer galt jahrhundertelang als begehrtestes und teuerstes Gewürz der Welt. „Kein Wunder, dass es sich nur reiche und wohlhabende Bürger leisten konnten", sagt Sybille Kleinschmitt, die bei ihren Themenführungen durch die Freiburger Innenstadt gerne die Redewendung erklärt. Pfeffer war deshalb so kostbar, weil er zwar wegen seiner Schärfe und seiner Haltbarkeit ein ideales Produkt für den Fernhandel war, aber eben zunächst aus Indien hauptsächlich auf dem Landweg über den Vorderen Orient und das ägyptische Alexandria nach Europa transportiert werden musste.

„Weiter weg als Indien – das konnte sich keiner vorstellen."

„Man kann sich heute kaum noch vorstellen, dass sich mit dem Pfefferhandel viel Geld verdienen ließ und deswegen ganze Kontinente entdeckt oder Kriege geführt wurden", fährt die Freiburgerin fort. Doch genau so war es! So machte sich zum Beispiel Christoph Kolumbus (1451-1506) unter anderem deswegen auf die Suche nach einem Seeweg nach Indien, weil das spanische Königshaus Pfeffer gerne direkt importieren und die venezianische Vorherrschaft im wahrsten Sinne des Wortes umschiffen wollte. Venedig nämlich war im Mittelalter der Hauptumschlagplatz für Pfeffer und hatte das Monopol auf den Gewürzhandel mit Indien. Doch bekanntlich konnte Kolumbus seiner Königin den Wunsch nicht erfüllen – er entdeckte „nur" Amerika. Erst der portugiesische Seefahrer Vasco da Gama (1469-1524) sicherte mit seiner Entdeckung im Jahr 1498 den Portugiesen für etliche Jahrzehnte die Vorherrschaft auf dem europäischen Pfeffermarkt.

Wenn Sybille Kleinschmitt Pfeffer braucht, kauft sie ihn im Supermarkt oder auf dem Freiburger Markt. Selbst in großen Mengen ist er dort zu erschwinglichen Preisen zu haben. Und so manches Mal schon hat sie nicht andere, sondern sich selbst dahin gewünscht, *wo der Pfeffer wächst* – aber im positiven Sinne! Denn gegen eine ausgedehnte Indienreise hätte die Freiburgerin rein gar nichts einzuwenden. Wobei: Die 200.000 Tonnen Pfeffer, die weltweit jedes Jahr produziert werden, wachsen längst nicht mehr nur in Indien, sondern in Ländern rund um den Indischen Ozean und in Südamerika. Doch auch dort soll es bekanntlich ja sehr schön sein.

Heike Thissen

Pfeffer im Hintern

Bevor man jemanden *dahin wünscht, wo der Pfeffer wächst*, kann man ihm auch erst einmal *Pfeffer in den Hintern blasen*. Damit treibt man ihn an und veranlasst ihn dazu, zeitnah das zu tun, was man von ihm will. Dr. Rolf-Bernhard Essig, Experte für Sprichwörter und Redewendungen, erklärt die Herkunft des Ausspruchs mit den Pferdehändlern: „Sie sollen älteren Pferden den Analbereich mit Pfeffer eingerieben haben, was die den Schweif habe heben und unruhig vor Schmerzen tänzeln lassen, was den Eindruck eines jungen, agilen Pferdes ergeben habe."

17

Den Teufel an die Wand malen

Zeichen rufen böse Dämonen hervor

Wer *den Teufel an die Wand malt*, braucht weder Kreide noch künstlerisches Geschick. Er benötigt lediglich einen ausgeprägten Hang zum Pessimismus und die feste Überzeugung, dass sich Unheil heraufbeschwören lässt, wenn man von ihm spricht. Dabei war die Aufforderung *Mal den Teufel nicht an die Wand* im Mittelalter durchaus wörtlich zu verstehen: Wer ein Teufelszeichen aufmalte, lockte den Luzifer zu sich, so die weit verbreitete Überzeugung.

„Die Menschen glaubten, dass sie so für schwarze Messen den Teufel oder einen Dämon herbeirufen konnten", sagt Ulrich Büttner. „Sie malten natürlich nicht einen Mann mit Hörnern, sondern stellvertretend für ihn ein Zeichen wie den Drudenfuß." Dabei handelt es sich um einen fünfzackigen Stern, der aus einer Linie gezogen ist und auf einer Spitze steht. „Mit ihm konnte man die Dämonen rufen, um sich mit ihnen zu verbünden. Man konnte sie aber auch dazu nutzen, das Böse zu bannen und zu kontrollieren", erklärt der Konstanzer Historiker. In letzterem Fall fungierte das Pentagramm als magisches Schutzzeichen, das böse Geister abhielt und denjenigen vor Unheil bewahrte, der in seiner Mitte stand. Diese Abwehrzauber waren weit verbreitet: Kreuze sollten gegen den Teufel helfen, so wie Knoblauch gegen Vampire oder die Wasserspeier namens Gargoyles gegen böse Geister. Ein Pentagramm über der Tür diente ebenfalls diesem Zweck.

„Ein berühmtes Beispiel dafür finden wir in Goethes Faust", erklärt Büttner. Denn in der Studierzimmer-Szene hat der Gelehrte ein Pentagramm über der Tür angebracht, um sich vor Mephisto, dem Teufel, zu schützen. Trotzdem schafft dieser es, in Gestalt eines Pudels einzutreten. Doch aus dem Zimmer hinaus kann er nach seiner Ver-

Ulrich Büttner hat ein Teufelszeichen an die Wand gemalt.
Dabei ist er eigentlich ein ausgesprochen lebensfroher
Mensch, der gern optimistisch denkt.

In Goethes Garten in Weimar befindet sich dieses Pentagramm.

wandlung zum Teufel nicht. „Faust hat den Stern falsch gemalt, eine der Ecken steht offen", weiß Ulrich Büttner. „Gesteh' ich's nur! daß ich hinausspaziere,/Verbietet mir ein kleines Hindernis,/Der Drudenfuß auf Eurer Schwelle", setzt Mephisto an. „Das Pentagramm macht dir Pein?/Ei sage mir, du Sohn der Hölle,/Wenn das dich bannt, wie kamst du dann herein?/Wie ward ein solcher Geist betrogen?", fragt Faust und der Teufel antwortet: „Beschaut es recht! Es ist nicht gut gezogen;/Der eine Winkel, der nach außen zu,/Ist, wie du siehst, ein wenig offen." Nur mit einer List kann Mephisto entfliehen, weil er Ratten das Pentagramm auffressen lässt.

Die Geschichte von Faust lehrt, dass es durchaus besser ist, den Teufel nicht zu Hilfe zu rufen. Und so, wie man den Teufel nicht an die Wand malen soll, um ihn herbeizuzitieren, soll man auch nicht von Unglück sprechen. Sonst kann es passieren, dass es wirklich eintritt.

Heike Thissen

Luther und der Teufel

Schon Martin Luther (1483-1546) kannte die Redewendung vom an die Wand gemalten Teufel. Lange Zeit erzählte man sich auf der Wartburg in Eisenach außerdem, dass er selbst einmal davon Gebrauch machte. Als er an seiner Bibelübersetzung arbeitete, soll er der Erzählung nach vor lauter Wut auf den Teufel ein Tintenfass gegen die Wand geworfen haben. Aus der Tinte habe sich dann das grauenhafte Bild des Luzifers abgezeichnet. Längst ist erwiesen, dass diese Geschichte nicht stimmt. Dennoch berichtete Luther selbst, dass er auf der Burg mehrmals vom Teufel belästigt worden sei, ihn aber „mit der Tinte vertrieben" habe. Damit meinte er aber wohl nicht seinen Wutausbruch, sondern seine Bibelübersetzung.

Sabine Lurtz-Herting (rechts) und Kathrin Enzel mit dem Rechenbuch von Adam Riese.

18

Nach Adam Riese ...

Wie war das noch mit der Mathematik?

Wer kennt ihn nicht, den Spruch aus der Mathematikstunde, als der Lehrer verkündete, dass das Ergebnis *nach Adam Riese* so und so sein müsse? Adam Riese mag in der Fantasie manch eines Kindes ein sehr großer Mensch gewesen sein. Doch der Name des 1492 geborenen und 1559 verstorbenen Mathematikers entstammt nicht seiner Körpergröße. Riese hieß einfach so – oder zumindest so ähnlich. Die Nachnamen variieren von Ries über Ris, Rys, Reyeß bis eben hin zur flektierten Form Riese. Seinen Bekanntheitsgrad erreichte er genau mit dem, womit man ihn heute noch in Verbindung bringt: Mathematik.

Zur Popularität des Adam Riese trug sicherlich bei, dass der Rechenmeister seine Formeln verständlich vermittelte und damit einem breiten Publikum zugänglich machte: Er schrieb seine Lehrbücher der Mathematik nicht in Latein, wie damals üblich, sondern in Deutsch. Dem aus dem oberfränkischen Bad Staffelstein stammenden Riese ist es auch maßgeblich zu verdanken, dass die römischen Zahlen weitgehend durch arabische ersetzt wurden. Insgesamt verfasste er drei Rechenbücher, nämlich – jetzt wird es kompliziert – das Werk „Rechenung auff der linihen", in dem er, wie der Titel verrät, auf das Rechnen auf den Linien eines Rechenbretts eingeht. Das zweite Buch, „Rechenung auff der linihen und federn...", in dem er zusätzlich zum Rechnen auf dem Rechenbrett das Ziffernrechnen mit arabischen Zahlen beschreibt. Dieses Buch wurde mindestens 120 Mal aufgelegt und begründete Adam Rieses Ruf als Rechenmeister. Das dritte Werk, „Rechenung nach der lenge/ auff den Linihen vnd Feder/.../Mit grüntlichem unterricht des visierens" erschien 1550. Hier geht Riese auch auf das sogenannte Visieren ein, mit dem der Inhalt von Fässern berechnet werden konnte.

In den Tiefen des Commerzbibliothek-Archivs der Hamburger Börse schlummern, sicher hinter sieben schweren Türen verborgen, alle drei Originalexemplare des Adam Riese. Von seinen späteren Rechenbüchern gibt es noch mehrere Exemplare. Daher ist das wertvollste Buch das erste der insgesamt drei Werke, denn davon gibt es weltweit nur noch zwei Stück. „Es stammt aus der zweiten Auflage, aus der ersten ist keines mehr erhalten", erzählt Kathrin Enzel, Geschäftsführerin der Stiftung Hanseatisches Wirtschaftsarchiv bei der Handelskammer Hamburg, in deren Besitz der historische Safebestand der Bibliothek gestiftet wurde. Darüber hinaus ist es Aufbewahrungsort für historische Dokumente, vor allem auch für Firmenarchive von Hambur-

„Adam Rieses Rechenbücher sind sehr praktisch ausgelegt und passen deshalb auch so gut in den Bestand der Bibliothek."

ger Unternehmen, die das Archiv bei Fragen zur Unternehmensarchivpflege berät.

Und wie kommt das kostbare Werk in die Bibliothek der Börse, die Commerzbibliothek? „Das hat mit der Idee zu tun, die dem Aufbau der Bibliothek zugrunde liegt. Es ging damals bei der Gründung im Jahr 1735 darum, nicht nur zeitgenössische Werke anzuschaffen, sondern auch wichtige Bücher aus der Vergangenheit zu kaufen." Ziel sei gewesen, „bis zu Karl dem Großen zurückzukommen, also bis ins 8. und 9. Jahrhundert", erzählt Kathrin Enzel schmunzelnd. „Doch dieses Ziel war zu hochgesteckt." Der Bestand der Bibliothek wurde auf unterschiedlichen Auktionen ersteigert. Wann und wo das Rechenbuch von 1525 in den Bestand der Börse kam, könne nicht mehr exakt nachvollzogen werden.

*Das Rechenbuch des Adam Riese.
Seinem Wert angemessen muss der, der es
anfasst, Handschuhe tragen.*

Fest steht aber: Das kostbare Stück ging 1789 verloren und tauchte erst 1991 bei einem Umbau wieder auf, inmitten von Ratsverlautbarungen und Senatsmandaten – wo es offensichtlich keiner vermutete. „Da hat man ganz selten reingeschaut", erklärt Bibliotheksleiterin Sabine Lurtz-Herting. „Dass ein Buch falsch eingeordnet wird und nicht mehr zu finden ist, ist ein klassisches Bibliotheksproblem. Die Entdeckung war eine kleine Sensation, denn kurz nach dem Fund hat man festgestellt, dass es außer diesem Exemplar weltweit nur noch ein weiteres gibt."

Allerdings war dieses erste Lehrbuch von Adam Riese bei seiner Wiederentdeckung in keinem guten Zustand. „Es haben mehrere Seiten gefehlt", sagt Sabine Lurtz-Herting. Kathrin Enzel ergänzt: „Das zweite Exemplar befand sich im Besitz der Columbia University in New York. Wir haben uns mit dortigen Spezialisten ausgetauscht und schließlich Faksimiles des Exemplars angefertigt und damit unsere Fragmente des ersten Rechenbuchs ergänzt." Seitdem ist es in Hamburg wieder vollständig für die Wissenschaft zugänglich.

„Adam Rieses Rechenbücher sind sehr praktisch ausgelegt und passen deshalb auch so gut in den Bestand unserer Bibliothek", sagt Lurtz-Herting. Denn die Idee war von vornherein, mit der Bibliothek die Wirtschaft zu fördern, indem man Kaufleuten Zugang zu praktischen Nachschlagewerken verschafft. Sie engagierten sich selber, erwarben erste Exemplare und stifteten sie. „Und so ging es weiter: Es wurde Literatur gekauft, die für die Hamburger Kaufleute interessant sein könnte." Die Hamburger Sammlung entwickelte sich zur ersten Wirtschaftsbibliothek weltweit. „Das Besondere war, dass es keine Gelehrtenbibliothek war, sondern eine für alle zugängliche. Das ist sie übrigens bis heute – an sechs Tagen in der Woche können Interessierte in der Commerzbibliothek aktuelle Wirtschaftsliteratur lesen und ausleihen. Für damalige Zeiten war ein solch offener Zugang sehr modern", sagt Kathrin Enzel. Im Altbestand befinden sich auch Reisebeschreibungen, in denen erklärt wird, welche Rohstoffe es in den Ländern gibt, die die Hamburger Kaufleute bereisten. Und eben die Rechenbücher des Adam Riese.

> *„Das zweite Exemplar befand sich im Besitz der Columbia University in New York. Wir haben uns mit dortigen Spezialisten ausgetauscht."*

Die Redewendung *nach Adam Riese* haben sich übrigens nicht erst unsere Mathematiklehrer ausgedacht: Schon im 18. Jahrhundert gebrauchte man sie häufig. In den 1782 erschienenen „Neue Miscellanien historischen, politischen, moralischen, auch sonst verschiedenen Inhalts" steht von einem „Sprüchwort" zu lesen, „das nicht allein in Schwaben, sondern auch in unsern Gegenden bekannt ist: Nach Adam Riesens Rechenbuch. (…) Er war ein Deutscher, lebte in Annaberg und seine Exempel waren so künstlich und sinnreich, daß man damals den für den vollkommensten Rechner hielt, der alles auflösen konnte, was in Adam Riesens Buch stand."

Ob das einem der Hamburger Kaufleute jemals gelungen ist, ist nicht dokumentiert.

Eva-Maria Bast

Einen Stiefel zusammenrechnen

Es gibt eine weitere Redewendung in Bezug auf die Mathematik: *Der rechnet ja einen schönen Stiefel zusammen.* Das bedeutet so viel wie: Der rechnet Blödsinn. Dieser Spruch geht auf Michael Stifel (1487-1567) zurück. Er war der erste evangelische Prediger Österreichs, deutete die Bibel mittels mathematischer Überlegungen und errechnete für den 19. Oktober 1533 um 8 Uhr morgens den Weltuntergang. Als sich seine Prophezeiung nicht bewahrheitete und die Welt keineswegs unterging, musste der rechenfreudige Theologe für vier Wochen ins Gefängnis. Hinsichtlich des Weltuntergangs hatte er *einen ganz schönen Stiefel zusammengerechnet.*

Die Katze im Sack kaufen

Wer nicht prüft, der wird betrogen

E s soll kein geringerer als Till Eulenspiegel gewesen sein, der als Erster dafür sorgte, dass jemand die Katze im Sack kaufte. Das Volksbuch aus dem Jahr 1515, in dem die Streiche des norddeutschen Narren festgehalten sind, berichtet, wie er sich als Bauer verkleidet, eine dicke Katze in ein Hasenfell einnäht und sie einem Kürschner als Hasenbraten verkauft. Vier Silbergroschen erhält er durch diesen Betrug. Der Schwindel fliegt erst auf, als der Kürschner vor dem Schlachten des Tieres noch eine kleine Jagd mit ihm veranstalten will und sich der vermeintliche Hase miauend auf einen Baum rettet. Inzwischen weiß man: Schon vor Eulenspiegel sprach man davon, etwas ungesehen im Sack zu kaufen. Doch die Verknüpfung mit der Katze gibt es erst seit ihm und das nicht nur im Norden, sondern deutschlandweit.

„Das machten Till Eulenspiegel dann offensichtlich viele Markthändler nach", erklärt Karola Gärtner. Zwar gaben sie sich nicht so viel Mühe, dass sie das arme Tier lebend in das Fell eines anderen eingenäht hätten. „Aber sie haben sehr wohl einem vertrauensseligen Kunden, der für ein Kaninchen oder ein Ferkel bezahlt hatte, einen Sack mit einer Katze untergejubelt. Wenn der nicht sofort die Ware geprüft hat, war er um viel Geld betrogen", sagt die Nürnberger Gästeführerin. Für den Händler war das ein guter Tausch: Streunende Katzen gab es in den Städten zu Hunderten. Er musste sie nur einfangen und verpacken, sie kosteten ihn nichts. Seinen Kunden knüpfte er dann aber natürlich den üblichen Preis für ein Ferkel oder Kaninchen ab. Gerade zu Eulenspiegels Zeiten war Fleisch so teuer, dass die einfacheren Bürger es sich nur selten leisten konnten.

Karola Gärtner kann sich lebhaft vorstellen, was dann später bei dem geprellten Kunden los war: „Er kam nach einem weiten Weg nach Hause, warf stolz den Sack mit dem Tier auf den Tisch und freute sich

Karola Gärtner hat nicht die Katze im Sack gekauft.
Sie demonstriert lediglich anhand einer Spielzeug-
katze, was es mit der Redewendung auf sich hat.

auf einen leckeren Braten – so lange, bis er den Sack tatsächlich öffnete." An so einem Tag gab es dann vermutlich eher Gemüse als Fleisch.

„Leider hatte er auch kaum eine Möglichkeit, den Betrug zu reklamieren. Denn natürlich wählten die betrügerischen Händler ihre Opfer gut aus. Das waren oft Menschen, die eine weite Anreise hinter sich hatten und denen sie vermutlich nie wieder begegnen würden. Wenn der Kunde sich beschweren wollte, war der Verkäufer längst auf und davon", erklärt die Nürnbergerin das weitere Prozedere.

„Wenn der Kunde nicht sofort die Ware geprüft hat, war er um viel Geld betrogen."

Weil heute auf den Märkten in Deutschland kaum noch lebende Tiere verkauft werden, müssen Kunden sich vor der echten *Katze im Sack* nicht mehr fürchten. Sehr wohl jedoch sollten sie ihre erstandene Ware prüfen, bevor sie sie mit nach Hause nehmen.

Heike Thissen

Menschen im Sack

Bei der Redewendung *Jemanden in den Sack stecken* landet nicht ein Tier, sondern ein Mensch im Jutebeutel. Sie besagt, dass man einem anderen an Kräften weit überlegen ist und hat ihren Ursprung in einer ganz speziellen Form des Ringkampfs. Diese wurde bis ins 16. Jahrhundert praktiziert und endete immer damit, dass der Sieger den Unterlegenen in einen Sack stieß, um seine Übermacht zu demonstrieren.

Dass Marc Müller auf keine Kuhhaut passt, liegt nur an seiner Körpergröße – nicht an seinen vermeintlichen Sünden.

20

Das geht auf keine Kuhhaut

Die Sache mit den schreibenden Teufeln

Der Teufel hat echt Stress. Da ist die Kuhhaut doch schon vollgeschrieben, und trotzdem gibt es noch so viel, was er darauf notieren muss. Schließlich stehen hinter ihm in einer Kirche zwei Damen, die schwatzen, anstatt zu beten oder dem Gottesdienst zu folgen. Ungeheuerlich!

Aufgabe des Teufels ist, Verfehlungen aufzuschreiben – schließlich benötigt er später in der Hölle einen Nachweis über all das, was sich die Menschen zu Schulden kommen ließen. Unterstützt wird dieser Luzifer, der in der Kirche St. Georg auf der Bodenseeinsel Reichenau abgebildet ist, von vier weiteren Teufeln, von denen jeder an einem Ende der Kuhhaut zieht und diese so spannt. „In der Tat geht die Redewendung *Das geht auf keine Kuhhaut* darauf zurück, dass die Menschen im Mittelalter davon ausgingen, dass der Teufel alle Sünden, die jemand begeht, aufschreibt", erzählt Sprachexperte Marc Müller.

Ein Teufel notiert etwas auf einer Kuhhaut. Die Abbildung befindet sich in der Kirche St. Georg auf der Bodenseeinsel Reichenau.

Er fährt fort: „Vor der Erfindung des Papiers schrieb man auf Pergament, das aus Tierhäuten hergestellt wurde." Und ein Pergament aus Kuhhaut war – wegen der Größe des Tieres – nunmal besonders groß. Bei Personen, die sich vermeintlich viel zu Schulden kommen ließen, brauchte der Teufel in der Vorstellung der Gläubigen mindestens eine komplette Haut, um alles zu notieren – wie das bei der Darstellung in der traditionsreichen Kirche der Bodenseeinsel Reichenau der Fall ist.

Um Pergament herzustellen, legte man Tierhäute in Wasser und behandelte sie mit einer Lösung aus Kalk oder Pottasche. Dann wurden die Haare der Tiere entfernt, die Häute gereinigt, aufgespannt, getrocknet und in die gewünschte Form zugeschnitten. Außer Kuhhäuten verwendete man noch Schaf- oder Ziegenhäute für die Pergamentherstellung. Als im 12. und 13. Jahrhundert die ersten Papiermühlen in Europa aufkamen, wurde das Pergament bis ins 17. Jahrhundert hinein nach und nach ersetzt. In von Wasserkraft angetriebenen Papiermühlen gelang es schnell, die Handarbeit zu mechanisieren und die Lumpen, aus denen Papier hergestellt wurde, zu zerkleinern. Die erste deutsche Papiermühle wurde 1389/1390 in Nürnberg von Ulman Stromer (1329-1407) gegründet, der die Papierherstellung während einer Reise in die Lombardei kennengelernt hatte.

Die Redewendung *Das geht auf keine Kuhhaut* ist zum ersten Mal in den „Sermones vulgares" des mittelalterlichen Kardinals Jacques de Vitry (1160-1240) belegt. Erfunden wurde das Papier aber schon viele Jahrhunderte zuvor, um 105. n. Chr. durch den chinesischen Beamten Ts'ai Lun. Die Chinesen verwendeten Papier häufig, früh und gern: Schon im 2. Jahrhundert benutzten Chinesen Papiertaschentücher. Schnäuzen mit Taschentü-

„Vor der Erfindung des Papiers schrieb man auf Pergament, das aus Tierhäuten hergestellt wurde."

chern hat also eine lange Tradition. Ebenso wie die Überlieferung der angeblich teuflischen Angewohnheit, die Sünden der Menschen auf Kuhhaut zu schreiben.

Eva-Maria Bast

Worauf die Menschheit schrieb

Im antiken Griechenland benutzten die Menschen Papyrus, das auch im römischen Reich verwendet wurde, ebenso wie Wachstafeln. Die Inder schrieben auf Palmblätter, und in China wurde auf Tafeln aus Knochen, Elfenbein oder Muscheln, später auch aus Edelmetallen, Stein, Ton, Holz, Bambus und Seide geschrieben. Im Mittelmeerraum und im Alten Orient verwendete man Leder. Und im alten Ägypten schrieben die Menschen auf Papyrus und Pergament.

21

Einen Zahn zulegen
Damit das Essen schneller gar wird

„Wir müssen jetzt wirklich *einen Zahn zulegen*, Gabriele!", ruft Hans-Ernst in Richtung der verschlossenen Badezimmertür, hinter der seine Gattin weilt, um sich für den bevorstehenden Abend außer Haus schön zu machen. „Hetz' mich doch nicht so. Deinetwegen ist der Lidstrich nun verrutscht und ich muss von vorne anfangen", antwortet Gabriele gereizt. Szenen wie diese spielen sich wohl häufig ab. Aber wie sie eigentlich entstanden ist, die Sache mit dem Zahn, der zugelegt werden muss – darüber dürften sich die wenigsten Gedanken machen.

Der Hamburger Gästeführer Marc Müller wollte es herausfinden – und entdeckte gleich mehrere Varianten zur Entstehungsgeschichte. So geht die erste: „Demnach ist die Redewendung vermutlich in den Burgküchen des Mittelalters entstanden. Die Kessel hingen mit Ketten an großen, gezackten Blättern." Damit der Kesselinhalt schneller kochte, wurden die Blätter gedreht und die an den Ketten hängenden Gefäße so näher zur Feuerstelle herunter gelassen. Diese Zähne oder Zacken wurden auch Krallen genannt. „Hatte man also *einen Zahn zugelegt*, befand sich der Kessel näher über dem Feuer und das Essen wurde schneller fertig", erklärt Marc Müller.

Im 19. Jahrhundert entwickelte sich dazu noch ein Aberglaube, nach dem bald ein Gast im Anmarsch sei, wenn ein Kessel ohne Zutun der Köche ganz von selbst um einen Zahn nach unten fiel.

> *„Hatte man also einen Zahn zugelegt, befand sich der Kessel näher über dem Feuer und das Essen wurde schneller fertig."*

Zu Variante 2 erklärt Lutz Röhrich in seinem großen Lexikon der sprichwörtlichen Redensarten: „Eine andere Erklärung führt die Rda. (Redensart) auf die stufenweise Regelung der Drehzahl von Maschinen und Motoren zurück,

Die alten, an Sägezähnen hängenden Kessel in Burgküchen sind eine mögliche Erklärung für die Entstehung der Redewendung.

81

bei der der Reglerhebel in ein gezähntes Maschinenteil einrastete." Kurt Krüger-Lorenzen schrieb 1973 aber: „Der Hinweis auf das Zahnradgetriebe des Motors bringt uns einer richtigen Erklärung der Redensart zwar recht nahe, ursprünglich stammt diese Wendung jedoch aus der Fliegersprache des Ersten Weltkrieges." In den kleinen Jagdmaschinen von 1914 habe der Flugzeugführer eine auf der Unterseite mit Zähnen versehene Stange bedienen müssen, um Gas zu geben. „Diese wurde durch eine einfache Feder in ihrer Halterung nach unten gedrückt und dadurch festgehalten. Schob man die Stange von sich weg nach vorn, so gab man mehr Gas, man legte ‚einen oder mehrere Zähne zu'", erklärt Krüger-Lorenzen.

Variante 3: Autor und Literaturkritiker Dr. Rolf-Bernhard Essig schreibt, dass *einen Zahn zulegen* mit den alten Dampflokomotiven und ihren Zahnstangen-Temporeglern zusammenhänge.

Was ist nun richtig? „Es ist gut möglich, dass die Redewendung im Mittelalter ihren Ursprung hatte und dann für den Bereich der Autos, Dampflokomotiven und Flugzeuge im Zusammenhang mit der Geschwindigkeit angewandt oder übernommen wurde oder auch

Manche Grillstellen haben heute noch ein Zahnrad, mit dem die an einer Kette hängende Grillplatte näher über das Feuer gekurbelt werden kann.

wieder neu aufgekommen ist", überlegt Marc Müller. „Das würde passen, denn die Maschinen haben ja auch mit Geschwindigkeit zu tun, und es ist häufig so, dass sich bestehende Redewendungen für etwas anderes als ihre Ursprungsbedeutung verfestigt haben." Zu hundert Prozent sicher sein könne man sich aber selten. „Das sind dann die kleinen Dauergeheimnisse der Geschichte", fasst Marc Müller zusammen.

Eva-Maria Bast

Haare auf den Zähnen haben

Diese Redewendung hat im Gegensatz zu *einen Zahn zulegen* etwas mit menschlichen Zähnen zu tun: Starke Behaarung wurde früher als Zeichen der Männlichkeit und damit der Kraft und des Muts angesehen. Die Redewendung wurde später für bissige und ruppige Frauen angewandt. Für ein Mannsweib gewissermaßen. Heute können auch Männer Haare auf den Zähnen haben. Positiv wird das aber nicht mehr gesehen. Das war bei Schiller und seinen Räubern noch anders – wenn auch in Bezug auf die Zunge: „Du bist ein entschlossener Kerl – Soldatenherz – Haar auf der Zunge!"

22

Seine Hände in Unschuld waschen

Pontius Pilatus will's nicht gewesen sein

Haben Sie Ihre Hände auch schon mal in Unschuld gewaschen? Dann haben Sie eine Handlung biblischen Ursprungs vollzogen. Etwas, das eng verknüpft ist mit einer anderen Redewendung: *von Pontius zu Pilatus gehen*. Marion Wrede kann beide wunderbar erklären, weil sie sich als Kirchenpädagogin mit der Bibel und der entsprechenden Bildsprache auskennt. Beide Redewendungen sind am Flügelaltar in der Marktkirche in Hannover dargestellt.

Ich wasche meine Hände in Unschuld taucht bereits im Alten Testament auf, als es in einem Unschuldsbekenntnis in Davids Psalm 26 heißt: „Ich wasche meine Hände in Unschuld und halte mich, Herr, zu deinem Altar, da man hört die Stimme des Dankens, und da man predigt alle deine Wunder." Auf dem Altar der Marktkirche abgebildet und wesentlich bekannter ist allerdings die Redewendung im Neuen Testament: Nachdem Judas Jesus verraten hat, wird dieser der Blasphemie beschuldigt. „Daraufhin muss sich Jesus verschiedenen Verhören unterziehen, wird gegeißelt, man setzt ihm die Dornenkrone auf, und er wird vor den römischen Statthalter Pontius Pilatus geführt, der das Todesurteil sprechen soll", beschreibt Marion Wrede die auf dem Altar dargestellten Szenen.

> *„Er zweifelt an Jesus Schuld und will das Urteil daher nicht sprechen."*

„Doch Pontius Pilatus tut sich schwer damit", sagt die Kirchenpädagogin. „Er zweifelt an Jesus Schuld und will das Urteil daher nicht sprechen." Trotzdem wird er in der Passionsgeschichte im Neuen Testament als derjenige dargestellt, der Jesus zum Tod am

Pontius Pilatus wäscht seine Hände in Unschuld. Dargestellt ist die Szene am Flügelaltar der Marktkirche in Hannover.

Auch die Redewendung „jemandem den roten Teppich ausrollen" hat biblischen Ursprung.

Kreuz verurteilt. Die Anklage der jüdischen Hohepriester lautete, Jesus habe sich selbst zum König der Juden ernannt und stelle deshalb eine Bedrohung für den römischen Kaiser dar. Der Druck auf Pontius Pilatus war groß, er hatte keine Möglichkeit, die Klage fallenzulassen. Marion Wrede fasst zusammen: „Pontius Pilatus kann eigentlich keine Schuld nachweisen, doch alle schreien: ‚Kreuzige ihn!' Bevor Pontius Pilatus aber das Urteil spricht, wendet er sich ab und wäscht seine Hände. In Unschuld und mit der Botschaft: Ich habe damit nichts zu tun. Ihr habt gesagt, ich soll ihn kreuzigen." Streng genommen hat die Redewendung *seine Hände in Unschuld waschen* also die Bedeutung, keine Verantwortung für seine Handlung übernehmen zu wollen.

Wer gerne von sich sagt, er *wasche seine Hände in Unschuld*, ist sicherlich schon *von Pontius zu Pilatus gegangen* – auch diese Redewendung geht auf den römischen Statthalter zurück – und zwar wieder im Zusammenhang mit der Verurteilung Jesus. Wer *von Pontius zu Pilatus geht*, der nimmt etwas auf sich, rennt von hier nach dort und das vergebens. In der Passion Jesu im Lukasevangelium schickt Pontius Pilatus Jesus zu Herodes Antipas. „Er bittet ihn, Jesus zu verhören. Doch Herodes kommt zum selben Schluss, dass Jesus unschuldig ist und schickt ihn zurück zu Pontius Pilatus, der ihn schließlich doch verurteilt", erklärt die Kirchenpädagogin. „Eigentlich ist die Redewendung also falsch überliefert", findet sie. „Es müsste heißen: von Pontius Pilatus zu Herodes und wieder zurück zu Pontius Pilatus." Doch das wäre schließlich noch aufwändiger.

Eva-Maria Bast

Noch eine Redewendung aus der Bibel

Schon mal über den *roten Teppich* spaziert? „Heute kennt kaum jemand den Ursprung des *roten Teppichs*. Dabei *rollen wir den roten Teppich* aus, weil die Menschen bei Jesus Einzug nach Jerusalem ihre Gewänder auf den Boden legten, damit die Gasse schön sauber ist", sagt Marion Wrede. Die Kirchenpädagogin fährt fort: „Und heute rollen wir *den roten Teppich* aus, wenn wir hochgestellte Persönlichkeiten empfangen." Auch, wenn diese weltlichen Aufgaben erfüllen. „Die Bibel ist Ursprung für so vieles", sagt Marion Wrede. „Selbst für *den roten Teppich* von Stars und Sternchen."

23

Die Kurve kratzen

Wenn es der Fuhrmann eilig hatte

Wer heute *die Kurve kratzt*, der *macht sich aus dem Staub*, so schnell er kann. Vielleicht hat er etwas Unrechtes getan oder sucht aus anderen Gründen lieber das Weite. Es kann aber auch sein, dass er *gerade noch so die Kurve kriegt* und ihm in allerletzter Sekunde etwas gelingt, das eigentlich aussichtslos war. Das war schon im Mittelalter so, als die Menschen echte Kurven kratzten.

Im ältesten Konstanzer Stadtteil, der Niederburg, gibt es viele Straßenkreuzungen, an denen sich der Ursprung dieser Redewendung hervorragend nachvollziehen lässt. „Man sieht deutlich die abgewetzten und ausgehöhlten Hausecken. Daran sind die Fuhrmänner aus dem Spätmittelalter schuld, die so eng um die Kurven fuhren, dass sie oft mit ihren Karren das Gebäude rammten und somit *die Kurve kratzten*", erklärt der Konstanzer Gymnasiallehrer Ulrich Büttner, der während seines Germanistikstudiums viel über Sprichwörter und Redewendungen gelernt hat.

In einer Stadt wie Konstanz am Bodensee ging es im 14. bis 16. Jahrhundert auf den Straßen hoch her. Händler aus ganz Europa brachten ihre Waren, und Kaufleute aus Nah und Fern versuchten, gute Geschäfte zu machen. Vor allem die Leinwand, die im Umland produziert und in der Handelsstadt von internationalem Rang veredelt wurde, wechselte hier den Besitzer. Und der regionale Handel für das Alltägliche fand zeitgleich dazu auf den Marktplätzen statt. „Man darf sich das aber nicht vorstellen wie an einem belebten Einkaufssamstag heutzutage, an dem Tausende von Menschen durch die Innenstadt bummeln", schränkt Büttner ein. Neben den Bürgern, die ihres Weges gingen, trieben Bauern ihr Vieh zum Markt, rannten Hunde, Schweine und andere Tiere durch die unbefestigten Gassen, lag an allen Ecken und Enden Müll herum, wurden die Nachttöpfe

Mit Kutschen, wie sie Ulrich Büttner in Händen hält, haben unter anderem Kaufleute im Mittelalter die Kurve gekratzt. Natürlich handelte es sich dabei nicht um Spielzeugkutschen.

So sieht es aus, wenn eine Kurve ständig gekratzt wurde. Heute verhindert das der Kratzstein.

morgens auf der Straße oder bestenfalls in den heutigen Feuergassen entsorgt. Es ging drunter und drüber und stank fürchterlich.

In diesem bunten Treiben versuchten die Händler mit ihren Wagen, in den engen und unübersichtlichen Gassen an ihr Ziel zu gelangen. Kein Wunder, dass so manche Häuserecke in Mitleidenschaft gezogen wurde, wenn wieder einmal zwei Fuhrwerke nur haarscharf aneinander vorbei passten und die Fahrer die Breite des Weges ausnutzen mussten.

Die Bewohner der Häuser, deren Ecken derart von den Wägen drangsaliert wurden, befanden sich durch diese Art des Wegabkürzens mitunter in Lebensgefahr. Ulrich Büttner weiß auch warum: „Die Häuser waren damals ja Fachwerkhäuser, die aus einfachsten Materialien zusammengesetzt wurden. Das war im Grunde ein Holzgerüst, dessen Zwischenräume die Menschen mit Stroh und Lehm ausgestopft haben." Diese Fachwerkkonstruktion stellte damals die billigste Möglichkeit dar, ein Haus zu errichten. Allerdings brachten diese Bauten zwei große Nachteile mit sich, ganz abgesehen davon, dass sie brannten wie Zunder, wenn die Hausfrau mit dem Feuer unachtsam war. Erstens: Mit der Statik der Gebäude war es nicht immer aufs Beste bestellt. Zweitens gab das Baumaterial schnell nach, wenn es von außen großem Druck ausgesetzt war. „Viele der einfacheren Häuser waren nicht gut gebaut und ziemlich schief. Da kam es immer wieder einmal vor, dass Gebäude einfach in sich zusammenstürzten – vor allem, wenn an den Ecken die Statik

nachgelassen hatte, weil zu viele Fuhrwerke *die Kurve gekratzt* hatten",
sagt Büttner.

Die Menschen in den Eckhäusern hatten sie natürlich bald satt,
die häufigen Ausbesserungsarbeiten und die ständige Angst, dass der
nächste Wagen, der die Ecke rammte, ihrem Haus – und auch ihnen – den Todesstoß versetzen könnte. „Also fingen sie an, große Felsbrocken vor die Ecken zu stellen. Die bekamen dann den Namen Kratzsteine", erklärt der Konstanzer. Künftig blieben die Karren nicht an den Häuserecken hängen, sondern an den vorgelagerten Steinen. Die konnten, waren sie allzu sehr in Mitleidenschaft gezogen worden, entweder wieder aufgerichtet oder ersetzt werden. Doch mit den Kratzsteinen wurden die Gassen noch enger. Jetzt kratzten die Fuhrmänner zwar nicht mehr die Kurve, rammten aber den Fels. Wenn es ihnen dennoch gelungen war, durch die Stadt zu fahren, ohne sich trotz der widrigen Straßenverhältnisse das Fuhrwerk zu ruinieren, konnten sie mit Fug und Recht behaupten: „Ich habe *gerade noch einmal die Kurve gekriegt.*"

> „*Daran waren die Fuhrmänner aus dem Spätmittelalter schuld, die so eng um die Kurven fuhren.*"

Heike Thissen

Sich aus dem Staub machen

Wer *die Kurve kratzt*, macht sich oft auch *aus dem Staub.* Diese Redewendung ist in früheren militärischen Schlachten entstanden. Denn im Getümmel des Kampfes wirbelten die Soldaten teilweise so viel Staub auf, dass sich diejenigen, die lieber leben als sterben wollten, unbemerkt vom Kampfschauplatz entfernen – sich also *aus dem Staub machen* konnten. Das mussten sie allerdings heimlich tun, denn die „Fahnenflucht" war verboten und wurde streng bestraft.

Sybille Kleinschmitt demonstriert mit einem französischen Baguette am Freiburger Münster, warum uns der Bissen im Halse stecken bleibt, wenn wir uns erschrecken.

24

Jemandem bleibt der Bissen im Halse stecken

Spiegelnde Strafen und harte Gottesurteile

Wie schnell bleibt einem doch vor Schreck *der Bissen im Halse stecken*! Wer beim Essen aus heiterem Himmel mit unangenehmen Neuigkeiten überrascht oder in Angst versetzt wird, vergisst vor lauter Entsetzen das Schlucken und kann nicht mehr weiteressen. Er muss sich erst einmal von dem Schock erholen, stirbt in der Regel aber nicht daran.

„Die Bäcker, die im Mittelalter die so genannte Bissenprobe absolvieren mussten, kamen oft nicht so glimpflich davon", nimmt Sybille Kleinschmitt das Sprachbild auf. „Und das war durchaus beabsichtigt. Wem der Bissen im Halse steckenblieb, der war als schuldig überführt."

Am Freiburger Münster erklärt die Historikerin anhand der drei Brotmaße aus dem 13. und 14. Jahrhundert, was es mit der Redewendung auf sich hat: „Mit diesen in den Stein gehauenen Größenangaben war genau festgelegt, welchen Umfang ein Brot in einem mageren, einem normalen und einem fetten Erntejahr zu haben hatte. So konnten die Kunden, die auf dem Markt vor der Kirche ein Brot gekauft hatten,

„Festzustellen, ob das Brot von guter oder minderer Qualität war, war viel schwerer."

schnell prüfen, ob der Bäcker sie betrogen hatte." Wer sich beschweren wollte, musste nur in die Münstervorhalle gehen, die im Mittelalter auch als Gerichtslaube diente. „Zu prüfen, ob das Brot das richtige Maß hatte, war dank der Brotmaße einfach. Aber festzustellen, ob es von guter oder minderer Qualität war, war viel schwerer. Deswegen bedienten sich die Menschen des so genannten Gottesurteils", erklärt Sybille Kleinschmitt weiter.

Die Gottesurteile beruhten auf der mittelalterlichen Vorstellung, dass Gott auf Erden aktiv Recht spricht. Er schicke ein Zeichen, um zu zeigen, ob ein Angeklagter schuldig oder unschuldig sei und ob er gelogen oder die Wahrheit gesprochen habe. So sollte ein Lügner, Betrüger oder Verbrecher auch ohne Schuldbeweis seiner gerechten Strafe zugeführt werden. „Solche Urteile galten als anerkanntes Rechtsmittel und sind bis ins 14. Jahrhundert überliefert", sagt die Freiburgerin. Bei den Gottesurteilen habe man sich um sogenannte spiegelnde Strafen bemüht: Die Aufgabe, die der Beschuldigte zu bestehen hatte, nahm konkret Bezug auf das mutmaßliche Vergehen und spiegelte es so. Deswegen waren es vor allem Bäcker, die sich der Bissenprobe mit Brot unterziehen mussten.

„Wurde einer von ihnen beschuldigt, gepanschtes Brot gebacken zu haben, wurde ihm ein großes Stück davon in den Mund gestopft. Er musste es ohne Flüssigkeit auf einen Happs schlucken. Wenn ihm

Die Brotmaße am Freiburger Münster.

das gelang, war er unschuldig. Blieb ihm das Stück aber im Halse stecken und er verschluckte sich, war er in den Augen der Ankläger überführt", erklärt Sybille Kleinschmitt die Details. Wenn der Bäcker an seinem minderwertigen Stück Brot nicht ohnehin erstickte, wurde er bestraft.

Bis in die frühe Neuzeit sind Gottesurteile überliefert. Dass kaum ein Beschuldigter sie ohne Schaden überstand und deswegen die meisten von ihnen einer Tat überführt wurden, die sie vielleicht nie begangen hatten, schien den Menschen im Mittelalter nicht weiter aufzufallen.

Heike Thissen

Weitere Gottesurteile

Die Bissenprobe war längst nicht das einzige Gottesurteil, dessen sich die Gerichtsbarkeit im Mittelalter bediente. Daneben gab es beispielsweise die Feuerprobe, bei der der Angeklagte über glühende Kohlen oder Pflugscharen gehen musste und nur dann als unschuldig galt, wenn seine Wunden wieder vollständig verheilten. Bei der Wasserprobe wurde der Beschuldigte gefesselt ins Wasser geworfen. Behielt ihn das Wasser und ging er unter, galt er als unschuldig. Tauchte er wieder auf, war er schuldig. Bei der Blutprobe oder dem so genannten Bahrgericht wurde der mutmaßliche Mörder an die Bahre des Getöteten geführt. Begannen dessen Wunden wieder zu bluten, glaubte man, den wahren Verbrecher überführt zu haben.

Elisabeth Retsch hält einen der vielen individuellen Klingelknäufe in der Hand, die es in der Augsburger Fuggerei gibt. Sie sorgten dafür, dass jeder seinen Weg nach Hause fand.

25

Alles im Griff haben

Mit der Hand fühlen, ob man zuhause ist

Elisabeth Retsch hat *alles im Griff*. Sie steht in der ältesten Sozialsiedlung der Welt, der Augsburger Fuggerei, und hält das Ende eines Klingelzugs in ihrer Hand. Es ist kreisrund und sieht aus wie ein aus Eisen geschmiedetes Kränzchen. Seine Form kommt nicht von Ungefähr, erklärt die Gästeführerin: „Mit einem Griff wie diesem konnte man selbst in stockdunkler Nacht überprüfen, ob man an der richtigen Haustür gelandet war. Denn fast jeder Eingang hier in der Fuggerei hat einen anderen."

Und tatsächlich: Wer aufmerksam durch die Gassen geht, sieht an fast jeder Haustür einen anderen Knauf am Klingelzug. Mal ist er zapfenförmig, mal in sich gedreht, mal zum Kranz gebunden. Es gibt Griffe in Herzform, in Kugelform und in Spiralform. Elisabeth Retsch kennt sie alle: „Natürlich dienten sie in erster Linie Besuchern dazu, an der Haustür zu klingeln. Aber auch für die Bewohner waren sie hilfreich. Man musste sich nur einprägen, wie sich der eigene Klingelzug in der Hand anfühlte und hätte selbst mit verbundenen Augen die richtige Wohnungstür erkannt. Man hatte dann also *alles im Griff*.“ In einer Siedlung wie der Fuggerei, wo sich die Häuser auch heute noch gleichen wie ein Ei dem anderen, war das nur von Vorteil. Zumal es zur Entstehungszeit noch keine Straßenbeleuchtung gab. Wer nachts nach Hause kam und keine Laterne dabeihatte, musste in absoluter Finsternis den Einlass zu seiner Wohnung finden. Das war schon in nüchternem Zustand nicht einfach, aber erst recht nicht, wenn Alkohol mit im Spiel war. „Auch für Kinder waren die unterschiedlichen Griffen am Klingelzug sehr hilfreich“, führt die Stadtführerin aus.

Die Klingelzüge enden in ganz unterschiedlichen Griffen: Es gibt gedrehte, zapfenförmige oder auch kranzförmige und noch viele andere mehr.

Das Wort Griff, das sich vom Verb greifen ableitet, bedeutet ursprünglich einfach das Fassen mit der Hand, das gleichzeitig auch ein tastendes Überprüfen und

Begreifen war. Dass *Alles im Griff haben* für uns heute bedeutet, dass jemand Herr einer Situation ist und etwas aus Gewohnheit richtig macht, hat direkt damit zu tun.

Bei der Entstehung der Redewendung *Alles im Griff haben* spielten aber vermutlich auch Instrumente eine Rolle. Wer ein Saiteninstrument wie Geige, Harfe oder Gitarre richtig greift, entlockt ihm die schönsten Melodien und hat es damit richtig gut im Griff. Schon Reformator Martin Luther (1483-1546) schrieb in „Das schöne Confetimini" von 1530: „Sie hattens am griffe wie die fiddeler." Sie hatten es also im Griff wie die Geiger.

Die individuellen Knäufe an den Klingelzügen sind inzwischen natürlich überflüssig geworden – jedenfalls, wenn es darum geht, den richtigen Eingang zu erkennen. Denn auch in der Fuggerei hat im Laufe der Jahrhunderte der Fortschritt Einzug gehalten und die Straßenbeleuchtung mit sich gebracht. Sie besteht zwar immer noch aus Gaslampen. Die aber spenden genug Licht, damit jeder Bewohner den Weg nach Hause findet. Etliche der Klingelzüge dienen jedoch auch heute noch ihrem wichtigsten Zweck: Sie lassen die Glocke im Inneren ertönen und kündigen Besuch an.

Heike Thissen

Die Augsburger Fuggerei

Die Fuggerei in Augsburg ist die älteste bestehende Sozialsiedlung der Welt. Noch heute leben rund 150 bedürftige Augsburger katholischen Glaubens in den 142 Wohnungen, die auf 67 Häuser verteilt sind. Sie zahlen eine Jahreskaltmiete von 0,88 Euro und haben sich per Mietvertrag dazu verpflichtet, täglich drei Gebete für die Stifterfamilie zu beten. Denn es war Jakob Fugger, der die Siedlung mit dem Stiftungsbrief vom 23. August 1521 auch im Namen seiner Brüder begründet hat. Mit ihm sicherte er die drei Kernstiftungen innerhalb der Familie und nach außen juristisch ab. Daran waren alle nachfolgenden und sind auch die kommenden Generationen der Fugger gebunden.

26

Das kann doch kein Schwein lesen

... und in Dithmarschen schon gar nicht!

D a gibt es nichts dran zu rütteln: Schweine sind des Lesens nicht mächtig. Und deswegen ist die Redewendung *Das kann doch kein Schwein lesen* unsinnig. Schließlich wird sie dann angewendet, wenn ein Satz schlampig geschrieben ist. Da Schweine aber ohnehin nicht lesen können, wären sie auch nicht in der Lage, eine schöne und gut lesbare Handschrift zu entziffern. Was also soll diese Redewendung? „Sie hat erstaunlicherweise nichts mit Schweinen zu tun", stellt der Stuttgarter Stadtführer Oliver Mirkes fest. „Die Geschichte geht ganz anders. Die Redewendung geht auf eine Familie namens Swyn zurück, das ist das plattdeutsche Wort für Schwein."

Die Familie habe im Mittelalter im schleswig-holsteinischen Dithmarschen gelebt und war, anders als viele andere Einwohner, des Lesens und Schreibens mächtig. „Die Bürger brachten den Swyns Schriftstücke, die sie nicht lesen konnten. Und manche Dokumente waren tatsächlich derart unleserlich, dass selbst die Swyns diese nicht entziffern konnten", sagt Oliver Mirkes. „Daraus wurde die Redewendung: *Dat kann keen Swyn lesen.*"

Besonders häufig wurden die Dienste der Swyns – namentlich die des Marcus Swyn – in Anspruch genommen, als die Bauernrepublik in Dithmarschen, in der Marcus' Großvater Peter kräftig mitgewirkt hatte, zu Ende ging. Dithmarschen an der nordelbischen Westküste war zwischen 1227 und 1559, also zu einer Zeit, in der Norddeutschland in verschiedene Territorien zersplittert war, ein Bauernstaat, der dem Erzbischof von Bremen unterstand, was im Grunde aber nur eine Formalherrschaft war. In Dithmarschen regierten auch nach der gewonnenen Schlacht von Bornhöved 1227 die großen Bauernge-

---

Was kein Schwein lesen kann, ist schwer zu entziffern. Streng genommen könnte ein Schwein aber natürlich auch gut leserliche Schrift nicht lesen.

schlechter und Kirchspiele, also die Bereiche der Stadt, die verschiedenen Kirchen zugeordnet waren. Und denen kam die erzbischöfliche Formalherrschaft nicht ungelegen, erschwerte diese doch die Einverleibung Dithmarschens. Vor allem die holsteinischen Fürsten hätten Dithmarschen gar zu gern ihr Eigen genannt, und auch die dänischen Könige versuchten immer wieder, sich den Bauernstaat einzuverleiben. Doch es gelang den Dithmarschern sehr lange, die drohende Annexion abzuwenden. Mal durch Diplomatie und gute Beziehungen zu den Hansestädten Lübeck und Hamburg, in deren Interesse es lag, dass weder die holsteinischen Fürsten noch die dänischen Könige ihre Macht allzu sehr ausbreiteten. Mal half auch das Geld, über das die Großbauern verfügten – teilweise mussten sie in den Kampf ziehen und ihre Freiheit verteidigen.

Das kann kein Schwein lesen? Oliver Mirkes weiß, woher die Redewendung kommt. Und das Entziffern alter Schriften bereitet ihm obendrein große Freude.

Allerdings kämpften die Dithmarscher nicht nur geschlossen gegen den Feind von außen, sondern auch gegeneinander. Sowohl die einzelnen Geschlechter als auch die Kirchspiele untereinander rangen immer wieder um die Macht. Im 15. Jahrhundert habe sich die Situation „zu einer die Freiheit des Gesamtlandes bedrohenden bürgerkriegsähnlichen Dauersituation" aufgeschaukelt, wie Thies Völker in seinem Aufsatz „Bauernrepublik Dithmarschen" schreibt. Um die Situation zu entschärfen, wurde 1447 das Dithmarscher Landrecht eingeführt: 48 angesehene Dithmarscher, die auf Lebenszeit als Richter eingesetzt waren, fungierten fortan unter der Bezeichnung 48er. „Um 1500 war Dithmarschen mit seinen etwa 35.000 Einwohnern eine vom 48er-Rat vertretene Föderativrepublik der Kirchspiele unter rein formeller bischöflicher Oberherrschaft geworden", schreibt Thies Völker. Und 1523 wurde sogar noch eine eigene Landeskirche gegründet.

Doch schon 1559 war es vorbei mit der Freiheit: Dänisch-schleswig-holsteinische Truppen griffen an, und in dieser *Letzte Fehde* genannten Schlacht verloren die Dithmarscher ihre Freiheit und ihren Status als Bauernstaat. Die Siegermächte teilten das Territorium untereinander auf. „Der Besitz wurde neu gegliedert und Marcus Swyn oblag es als Landvogt, die neuen Besitzurkunden zu beglaubigen", sagt Oliver Mirkes. Auch hier galt wieder: Manche Papiere, die ihm vorgelegt wurden, waren schlicht unleserlich. Das konnte dann *kein Swyn lesen*. Vielleicht wollte Marcus Swyn aber auch gar nicht lesen, was da stand. Denn die neue politische Situation dürfte dem Sohn bedeutsamer Dithmarscher Bürger ganz und gar nicht gepasst haben.

> *„Die Redewendung hat erstaunlicherweise nichts mit Schweinen zu tun."*

Eva-Maria Bast

....

Der berühmte Großvater

Marcus Swyn, auf den die Redewendung *Das kann kein Schwein lesen* zurückgehen soll, entstammt einer bedeutenden Dithmarscher Familie. Die Swyns werden 1329 erstmals urkundlich erwähnt. Peter Swyn (1480-1537), Großvater des Marcus Swyn, war ein bedeutender Anführer der Bauernrepublik Dithmarschen. Seit 1499 gehörte er den 48ern an. Allerdings endete das Leben des Peter Swyn tragisch: Er wurde ermordet. Swyn hatte sich für Reformen eingesetzt und dabei Gegner auf den Plan gerufen, wie unter anderem Angehörige des Stammes der Russebollingmannen. 14 Menschen sollen bei Morden und Blutrachen ums Leben gekommen sein. Einer von ihnen war Peter Swyn.

1516
wurde in Ingolstadt
durch die Herzöge Wilhelm IV
und Ludwig X
das Reinheitsgebot
für Bier erlassen:
Gerste
Hopfen
Wasser

27

Dem Fass den Boden ausschlagen

Strenge Regeln gegen Betrug und Panscherei

Bayern ohne Bier? Undenkbar! Vor allem in Ingolstadt, der Geburtsstadt des deutschen Reinheitsgebots von 1516, dreht sich vieles um den Gerstensaft. So sehr, dass die Stadt einen Brunnen aufgestellt hat, aus dem zu besonderen Anlässen tatsächlich Bier fließt. Darauf ist ein riesiges Fass zu sehen, aus dessen Hahn je nach Anlass Trinkwasser oder Gerstensaft sprudelt. „Anhand dieses Fasses lässt sich aber nicht nur erklären, wie gern wir Bayern Bier trinken, sondern auch, was es mit der Redewendung *Dem Fass den Boden ausschlagen* auf sich hat", erklärt Dr. Jürgen Amann von der Tourismus und Kongress GmbH.

„Natürlich wurde im Mittelalter wie überall zur damaligen Zeit auch in Ingolstadt gern gefeiert und dem Genuss alkoholischer Getränke gefrönt. Das galt für die einfache Bauern- und Landbevölkerung, aber auch für die zahlreichen Studenten und Soldaten in der Stadt bis hin zu den angesehenen Bürgern und Universitätsprofessoren", beginnt der Tourismuschef seine Erklärung. Vor allem das Bier habe es den Menschen damals angetan, schließlich habe es als Grundnahrungsmittel gegolten und wertvolle Nährstoffe und Kalorien geliefert.

> *„Dann verlängerten manche Brauer ihr Bier mit Wasser, um ihre Vorräte zu strecken."*

„Außerdem war es im Gegensatz zu Wasser mikrobiologisch unbedenklich, weil es ja erhitzt worden war und die meisten Keime dadurch abgetötet wurden", sagt Jürgen Amann. Und dennoch war es immer wieder gefährlich, mitunter sogar tödlich, den Gerstensaft zu trinken. „Der Grund lag nicht etwa im Alkohol, sondern in den äußerst zweifelhaften Inhaltsstoffen und Beimischungen." In harmloseren Fällen

Am Bierbrunnen in der Ingolstädter Innenstadt muss keinem Fass der Boden ausgeschlagen werden, weiß Dr. Jürgen Amann. Zu besonderen Anlässen fließt hier feinstes bayerisches Bier aus dem Hahn.

diente zum Beispiel Ruß dazu, helles Bier dunkler zu machen. In verheerenderen Fällen allerdings waren dem Getränk Fliegenpilze oder Bilsenkraut beigemischt, die sowohl berauschende als auch psychotrope Wirkung hatten.

Im Jahr 1516 hatte Herzog Wilhelm IV. (1493-1550) die Nase voll von Panscherei und Alkoholvergifteten: Er erließ im April in Ingolstadt unter Billigung des Bayerischen Landständetags das Reinheitsgebot, mit dem er einzig Wasser, Gerste und Hopfen als Inhaltsstoffe für das Bier zuließ und alle anderen daraus verbannte. Doch der Erlass konnte nicht verhindern, dass so mancher Bierbrauer auch weiterhin panschte, manchmal aus purer wirtschaftlicher Not. „Ursprünglich war das Herstellen von untergärigem Braunbier nur von Michaeli bis Georgi, also vom 29. September bis 23. April, erlaubt", erklärt Jürgen Amann dazu. Das habe mit dem Herstellungsprozess zu tun gehabt: „In dieser Zeit konnten die Brauer ihr Bier auf natürliche Weise kühlen. Bei zu hohen Außentemperaturen hätte die Gefahr bestanden, dass der Brauvorgang schiefging."

Der Bierbrunnen in der Ingolstädter Innenstadt.

Wenn nun aber einem Brauer das Bier auszugehen drohte, obwohl der September noch in weiter Ferne lag? „Dann verlängerten manche das Bier mit Wasser, um ihre Vorräte zu strecken", sagt der Tourismus-Chef. Dadurch entstand minderwertiges Bier, das kaum zu genießen war. „Wenn man den Panschern auf die Schliche kam, schlugen die Ordnungsbehörden ihren Fässern den Boden aus und ließen das Bier auslaufen. Das war die gerechte Strafe für die Brauer, die versucht hatten, ihre Gäste zu betrügen." Diese galt natürlich auch für all jene, die sich nicht an das Reinheitsgebot hielten und neben Wasser, Gerste und Hopfen noch andere Zutaten untermischten. Und auch denjenigen, die beispielsweise auf Märkten ungenießbaren Wein feilboten oder andere verbotene, verdorbene oder minderwertige Ware, die in Fässern transportiert wurde, wurden im 16. Jahrhundert mit dem öffentlichen Ausschlagen des Bodens bestraft.

Wie enttäuscht und empört die Bürger über solche Betrügereien waren, lässt sich unter anderem daran erkennen, dass die Redensart *Das schlägt dem Fass den Boden* aus als Sinnbild für „Jetzt ist aber endgültig Schluss" oder „Das geht jetzt aber wirklich zu weit" steht und etwas Unerhörtes bezeichnet, das man kaum glauben kann. Dazu zählt für die Bayern spätestens seit 1516 auch, dass sich jemand an ihrem Grundnahrungsmittel vergreift.

Heike Thissen

....

Auf das Geschick kam es an

Auch das Böttcher-Handwerk spielt in die Redewendung mit hinein: Die hohe Kunst der Fassmacher bestand darin, Holzbretter unter Wasserdampf zu biegen, zusammenzufügen und so zu verdichten, dass der Inhalt nicht auslief. Hierfür schlugen sie eiserne Ringe auf die Fassdauben auf. Doch wenn sie dabei nicht vorsichtig genug waren und den Druck auf das Holz zu sehr erhöhten, sprang der Boden aus dem Fass. Sie schlugen also dem Fass den Boden aus – aus Versehen, versteht sich.

Hilfe! Nein, Marc Müller hat nur eine Spielzeugpistole in der Hand, die in Massen produziert wird und deshalb im heutigen Sinne 08/15 ist.

28

08/15

Die Soldaten wollten einfach nicht mehr

Wie langweilig! Das ist ja sowas von *08/15*. Aber warum eigentlich? Weshalb wählt man ausgerechnet diese Zahlenkombination, um zum Ausdruck zu bringen, dass etwas so gar nichts Besonderes ist? Schließlich kommen diese drei Zahlen nicht häufiger oder seltener vor als andere. Da wäre es doch naheliegender, die Ziffern 1,2,3 einzusetzen.

Selbige werden ja gern verwendet, wenn Eltern ihrem nicht folgen wollenden Nachwuchs drohen: „Ich zähle jetzt bis drei, und dann…" In diesen Fällen erfreut sich besonders die Zwei großer Beliebtheit, denn wenn der Nachwuchs nicht sofort tut, wie ihm geheißen, dehnen viele Eltern noch aus: zweieinviertel, zweieinhalb, zweidreiviertel…

„Der Ursprung liegt nicht in der Häufigkeit der Verwendung von Zahlen, sondern bei einem Maschinengewehr, das 08/15 heißt und im Ersten Weltkrieg eingesetzt wurde", stellt der Hamburger Marc Müller richtig, der sich gut mit Redewendungen und ihrer Entstehung auskennt.

Das echte Maschinengewehr 08/15.

„Der Name des Maschinengewehrs kommt daher, dass es entwickelt und dann im Jahr 1915 weiterentwickelt wurde."

Unklar ist allerdings, ob die Redewendung entstand, weil die Soldaten im Ersten Weltkrieg so lange mit den Gewehren üben und dadurch auch sehr langwierige Prozeduren und Trainingseinheiten absolvieren mussten, bis sie schlicht keine Lust mehr auf Schießübungen hatten. Oder ob die Redewendung damit zusammenhängt, dass die Qualität der Waffe nicht die beste war. „Die Redewendung meint ja: ‚Das ist nichts Besonderes', somit könnte sie auch darauf zurückgehen. Vielleicht waren aber auch beide Erklärungen ursächlich", überlegt Marc Müller und sagt: „Ich finde beide Versionen sehr faszinierend. Wie oft sagt man, dass etwas *08/15* sei. Aber wer würde dabei an ein Maschinengewehr aus dem Ersten Weltkrieg denken!"

Übrigens: In jüngerer Zeit gab es eine Weiterentwicklung der Redewendung, die auf vermeintlich faule und nichts wissende verbeamtete Amtsleiter angepasst wurde: „Null Ahnung, acht Stunden Anwesenheit, A 15 Besoldung." Wobei die Damen und Herren der öffentlichen Verwaltung freilich scherzhaft sagen, dass diese Defini-

tion der Redewendung schon allein deshalb nicht stimmen kann, weil
es nur bienenfleißige Beamte gibt.

Eva-Maria Bast

Boykott in der Wehrmacht

1954 brachte der einstige Wehrmachtoffizier Hans Hellmut Kirst
(1914-1989) die Romantrilogie 08/15 heraus. Diese Werke wurden
vom Buchhandel auf Wunsch von Franz Josef Strauß (1915-1988), zu
jener Zeit Bundesminister für besondere Aufgaben der Regierung
Adenauer, teilweise boykottiert. Ein Grund für den Boykottaufruf war,
dass die beiden eine persönliche Feindschaft entzweite, ein anderer,
dass Strauß mit der Darstellung des Vorgehens der Wehrmacht und
des Soldatenlebens im Zweiten Weltkrieg nicht einverstanden war –
denn diese ließ das Militär in keinem guten Licht erscheinen. Kirst
schildert die Grauen, die Leiden und den Alltag der Soldaten. Das
Erscheinungsjahr steht dabei im Kontext mit der damaligen politischen Situation: Adenauer trieb die Wiederbewaffnung voran, die
Menschen hatten Angst vor einem erneuten Krieg. Das Buch wurde
wohl nicht zuletzt deshalb zum Bestseller, weil es den Widerstand der
Bevölkerung gegen die Remilitarisierung zum Ausdruck brachte.

Ulrike Stöckle (links) und Ursula Epple
kennen die Bedeutung der Blumen.

29

Etwas durch die Blume sagen

Auf Farbe und Zustand kommt es an

Wenn ein verliebter Mann einer Frau seine Gefühle gestehen und dabei nicht mit leeren Händen dastehen will, ist er bei Ulrike Stöckle und Ursula Epple genau richtig. Die Blumenhändlerinnen aus Überlingen am Bodensee haben schon so manch liebestrunkenen Herren beraten – ebenso, wie sie Wiedergutmachungssträuße und die obligatorischen Blumengrüße zum Valentinstag verkauft haben. Ein verliebter Mann kann seiner Angebeteten durch das Schenken von Blumen – besonders durch rote Rosen – gewissermaßen *durch die Blume* seine Gefühle mitteilen. Doch damit ist die Redewendung keineswegs erschöpft.

Wenn man heute etwas *durch die Blume sagt*, wird dies nur selten von einem blühenden Gruß begleitet. Und es ist auch nicht immer angenehm, im Gegenteil: Häufig sagt man etwas Unschönes *durch die Blume*, um den Empfänger der Nachricht damit zu schonen. Es ist eine Möglichkeit, verhalten Kritik zu üben. „Das hängt damit zusammen, dass die Pflanzen einst alle eine Bedeutung hatten", sagt Floristin Stöckle. „Das ist heute noch so, aber früher war man sich dessen viel stärker bewusst", ergänzt ihre Kollegin Ursula Epple. Diese Blumensprache zu beherrschen, war in der Tat eine Kunst. Denn dabei kam es auf viele Details an: Rote Blumen derselben Sorte konnten etwas anderes aussagen als weiße. „Und dann war noch entscheidend, in welchem Zustand die Blumen waren. Also ob es sich um Knospen handelte, ob sie schon verblüht oder gar verwelkt waren. Und die Anzahl spielte auch eine Rolle", erklärt Ulrike Stöckle. Ebenso die Art, wie der Strauß überreicht wurde: Wenn man die Blumen mit dem Kopf nach unten übergab, verkehrte sich deren eigentliche Bedeutung ins Gegenteil. Auch die Frage, ob die Rose, die überreicht wird, Dornen hat, war wichtig: „Wenn man sie entfernt, die Blätter aber belässt, wird dadurch Hoffnung ausgedrückt. Wenn die Blätter ebenfalls abgeschnitten sind, ist das eher ein Ausdruck von Hoffnungslosigkeit", sagt Ursula Epple.

„Wenn man die Dornen entfernt, die Blätter aber belässt, wird dadurch Hoffnung ausgedrückt. Wenn die Blätter ebenfalls abgeschnitten sind, ist das eher ein Ausdruck der Hoffnungslosigkeit."

Und dann konnte auch die Empfängerin mit der Art und Weise, wie sie die Blumen entgegennimmt, viel zum Ausdruck bringen. Das geht natürlich auch noch heute auf unmissverständliche Weise, zum Beispiel, wenn die Verehrte die Blumen in die Ecke oder in den Mülleimer verfrachtet. Doch die seit dem 18. Jahrhundert in Westeuropa bekannte Blumensprache war einst wesentlich subtiler: Führte man den blühenden

Gruß an die Lippen, bedeutete das *Ja*. Für ein *Nein* musste nicht der ganze Blumenstrauß weichen, es reichte ein abgezupftes und fortgeworfenes Blütenblatt.

Eine große Rolle in der Blumensprache spielte Mary Wortley Montagu (1689-1772). Sie war die Gattin eines britischen Diplomaten und begleitete ihn auf seinen Reisen nach Konstantinopel. Dort entdeckte sie den Brauch der Kommunikation mit Blumen und berichtete in ihren Briefen davon. Wenn man damals etwas *durch die Blume* sagte – die Redewendung ist seit dem 16. Jahrhundert belegt – war das allerdings noch weit im Reich der Liebe und der Erotik angesiedelt – und Mary Wortley Montagu schrieb auch offen und *unverblümt*, also ohne jeglichen Umweg, darüber. In der viktorianischen Zeit wurde in England viel aus dem Werk der Mary Wortley Montagu übernommen, allerdings den eher prüden Vorstellungen jener Zeit angepasst.

Augen auf bei der Straußwahl: Jede Blume hat ihre besondere Bedeutung. Orangenfarbene Rosen symbolisieren Glück, Hoffnung, Fröhlichkeit und Erfüllung in einer Beziehung und sind ein Zeichen für Bewunderung.

Früher konnte das Überreichen von Blumen vieles differenziert zum Ausdruck bringen. Wer die Blumensprache beherrschte, las in einem Strauß wie in einem Buch. Selbige heute zu erlernen, wäre sicher spannend. Aber, werte Damen: Nicht geknickt sein, wenn der Göttergatte eine Blume ohne Blätter schenkt. Und, werte Herren: Wenn die Geliebte heute ein Blatt an der Rose abzupft und fortwirft, muss das nichts heißen, sie tut es vielleicht aus reinster Verlegenheit und ohne sich der Blumensprache bewusst zu sein.

Auch der Begriff *Floskel* leitet sich in gewisser Weise von der Redewendung ab. Flosculos bedeutet auf Latein schlicht: Blümchen.

Eva-Maria Bast

Die Blumen im Lexikon

In der Allgemeinen deutschen Real-Encyklopädie für die gebildeten Stände: Conversations-Lexikon, Band 1, heißt es: „Es ist bekannt, daß die Morgenländer von jeher große Freunde der Allegorien waren und daher gern in Bildern reden und schreiben. Sie besitzen darum auch eine Kunst, ihren entfernten Freunden die geheimsten Gedanken und Empfindungen ihrer Seele (...) mitzutheilen. Diese geheime Sprache scheint von den armen eingekerkerten morgenländischen Frauenzimmern erfunden worden zu sein. (...) Diese geheime Sprache der Orientalen besteht in der Kunst, ein Bouquet von natürlichen Blumen, die alle nach einer geheimen Bedeutung gewählt und geordnet sind, zu binden."

Was führt Reiner Benker im Schilde? Das Wappentier der Adelsfamilie Lerchenfeld, die Lerche! Ob er aber bewaffnet ist oder nicht, lässt sich auf den ersten Blick nicht erkennen.

30

Nichts Gutes im Schilde führen

Lebenswichtige Informationen auf einen Blick

*E*r führt nichts Gutes im Schilde sagen wir, wenn wir einem anderen gegenüber misstrauisch sind und böse Absichten vermuten. Dabei ist bei diesen Menschen von Schilden meistens weit und breit nichts zu sehen. Doch da, wo die Redewendung herkommt, wimmelte es nur so von ihnen. „Dieser Ausspruch hat seinen Ursprung im Rittertum, als auf den Schilden die Ritter-Wappen zu sehen waren", erklärt Reiner Benker. Der Kastellan hat in einem Keller des oberfränkischen Schlosses Greifenstein mehrere 250 Jahre alte Schilde gefunden, sie drei Jahre lang restauriert und sich dabei ausführlich mit ihrer Geschichte und Bedeutung beschäftigt.

„Ursprünglich hatte die Frage *Was führst du im Schilde?* überhaupt nichts Negatives an sich. Damit fragte man lediglich danach, wer jemand ist und woher er kommt", fängt Benker an zu erzählen. Gerade bei Ritterturnieren wussten die Zuschauer ja nicht, wer in der Rüstung steckte und wer sich hinter dem Visier verbarg. Das Schild vermittelte diese wichtigen Informationen. Denn es war im Mittelalter mit allerlei Symbolen, Wappen oder Sinnsprüchen bemalt. Diese führte der Ritter im wortwörtlichen Sinn *im Schilde*. Sie demonstrierten den Stolz auf die eigene Familie, gaben aber auch Auskunft über die Herkunft ihrer Träger. Das galt für sportliche Wettkämpfe genauso wie für den mittelalterlichen Alltag. „Wenn sich beispielsweise ein Ritter auf seinem Pferd einer Burg näherte, konnten die Wächter mit einem Blick auf sein Schild erkennen, ob er aus einem befreundeten oder verfeindeten Geschlecht stammte. Im ersten Fall führte er meistens Gutes im Schilde, im zweiten wohl eher Schlechtes", mutmaßt Reiner Benker. „Früh genug zu wissen, was so jemand *im Schilde führte* und es richtig zu deuten, konnte über Leben und Tod entscheiden."

Anhand eines der von ihm restaurierten Schilde erklärt der gebürtige Bayreuther, wie so ein Wappen aussehen konnte: „Hier ist eine Lerche zu sehen, die auf das bayerische Adelsgeschlecht Lerchenfeld im Fichtelgebirge verweist. Jeder, der so einen Schild trug, konnte als Mitglied der Familie identifiziert werden." Dass sich dieser Schild auf Schloss Greifenstein befindet, liegt daran, dass die Besitzerfamilie der Schenken von Stauffenberg mit den von Lerchenfelds schon lange enge Beziehungen pflegte. So war unter anderem der Hitler-Attentäter Claus Schenk Graf von Stauffenberg (1907-1944) mit Nina Freiin von Lerchenfeld (1913-2006) verheiratet.

Dass die Bedeutung von *Was führst du im Schilde?* im Laufe der Jahrhunderte eine negative Wandlung durchlief und bereits im 16.

> **„Früh genug zu wissen, was so jemand im Schilde führte und es richtig zu deuten, konnte über Leben und Tod entscheiden."**

Jahrhundert in der Literatur als Redewendung verwendet wurde, lag unter anderem daran, dass sich hinter einem Schild natürlich auch hervorragend kleine Stich- oder Hiebwaffen verstecken ließen. „So wusste man selbst bei friedlichen Treffen nie genau, ob das Gegenüber nicht vielleicht doch etwas Böses plante", erklärt Reiner Benker. Er selbst führt immer nur Gutes im Schilde und kümmert sich nicht nur mit Hingabe um die Waffen auf Schloss Greifenstein, sondern auch um die Besucher, die Einlass begehren – inzwischen ganz ohne Schild.

Heike Thissen

Der Herold, ein Wappenkenner

Das Führen von Wappen war im Mittelalter den adligen Familien vorbehalten. Weil es von diesen jedoch so viele gab und es vor allem in Kampfsituationen ungemein wichtig war, zu wissen, ob jemand Gutes oder Böses im Schilde führte, gab es die Herolde. Sie behielten den Überblick über die Wappen und kannten deren Bedeutung. So halfen sie, Freund von Feind zu unterscheiden und die Schlachten entsprechend zu koordinieren. Heute haben Herolde einen anderen Namen: Die Wissenschaftler auf dem Gebiet des Wappenwesens heißen Heraldiker.

Etwas von der Pike auf lernen

Der Aufstieg vom Landsknecht zum Ritter

Im 21. Jahrhundert macht es durchaus Spaß, *etwas von der Pike auf zu lernen*. Denn diese besonders gründliche Wissensaneignung führt oft dazu, dass der Lehrling später zu einem Meister auf seinem Gebiet aufsteigt. Doch vom 15. bis zum 17. Jahrhundert war dieses *Etwas von der Pike auf lernen* weit weniger angenehm. Davon kann der Konstanzer Egon Schwär berichten: „Die Redewendung stammt aus der Militärsprache des Mittelalters und bedeutete, dass man seine Laufbahn als so genannter Pikenier begonnen hatte. Das waren Soldaten ohne Erfahrung, die gerade erst angeworben worden waren, sich weder eine Schusswaffe noch ein Pferd leisten konnten und deswegen lediglich mit einer Pike ausgerüstet wurden."

Das Wort Pike geht auf den französischen Begriff „piquer" zurück, was „stechen" bedeutet. Schwär, der bei seinen Stadtführungen oft als Landsknecht auftritt, zeigt an einer echten Pike, was die Waffe ausmacht: Der bis zu sechs Meter lange Spieß ist an seinem oberen Ende mit drei scharfen und spitzen Zacken versehen. Um 1400 hielt diese billige, aber sehr effektive und einfach zu benutzende Waffe Einzug in die Heere Europas und blieb diesen bis Anfang des 18. Jahrhundert erhalten. „Die Pike wurde nicht geworfen, sondern mit ihrem unteren Ende in den Boden gerammt und fest in beiden Händen gehalten. Mit der Spitze wurde auf den Gegner gezielt. So haben die Landsknechte, also das Fußvolk unter den Soldaten, gegen heranpreschende Kavallerieeinheiten gekämpft", führt der Konstanzer aus. Das klingt vielleicht aussichtslos, war es aber ganz und gar nicht. Wenn in den ersten Reihen ein Heer von Fußsoldaten auf diese Art seine Spieße gegen die Reiterei richtete, hatte letztere kaum eine Chance.

„Für diese Art von Kampf brauchten die Landsknechte keine intensive Ausbildung wie die anderen Soldaten", erklärt Egon Schwär.

Egon Schwär führt als Landsknecht mit seiner Pike durch Konstanz. Wer mit ihr kämpfen musste, stand ganz am Anfang seiner Soldaten-Laufbahn.

Später, wenn sie es sich leisten konnten, kauften sich die Pikeniere andere Waffen oder ein Pferd. Damit stiegen sie in der Hierarchie der Soldaten eine Stufe höher und mussten nicht mehr an vorderster Front kämpfen. Wer sich also so in der militärischen Rangfolge nach oben diente, hatte das Kriegshandwerk *von der Pike auf gelernt*.

„Für diese Art von Kampf brauchten die Landsknechte keine intensive Ausbildung wie die anderen Soldaten.“

„Wir verwenden die Redewendung inzwischen nicht mehr nur für Soldaten, sondern für jeden, der einmal ganz von unten angefangen und sich dann nach oben gearbeitet hat. Der hat dann *etwas von der Pike auf gelernt*. Oder wir sagen es zu jemandem, der noch viel lernen muss: *Lern das erst mal von der Pike auf*", fasst Egon Schwär zusammen. Um Leben und Tod geht es dabei Gott sei Dank schon lange nicht mehr.

Heike Thissen

Die Hellebarde

Eine andere Spießwaffe, die beim Fußvolk unter den Soldaten vor allem im Dreißigjährigen Krieg (1618-1648) zum Einsatz kam, war die Hellebarde. Sie war maximal zwei Meter lang und hatte drei Klingen: eine breite, eine kurze hakenförmige und eine Stoßklinge. So erklärt sich auch der Name, der aus den mittelhochdeutschen Bezeichnungen für Stange (Halm) und Beil (Barte) entstanden ist. Mit ihr konnten die Soldaten gleichermaßen schlagen, stechen und reißen. Die Bedeutung der Hellebarde als ernstzunehmende Stangenwaffe war allerdings von kurzer Dauer. Schon im 16. Jahrhundert wurde sie mehr und mehr als reich verzierte Ordonnanzwaffe benutzt. So ist das noch heute: Die Schweizergardisten zum Beispiel, die im Vatikan für Sicherheit sorgen, tragen Hellebarden.

Wer nicht zurückruft, muss sich möglicherweise dem Vorwurf aussetzen, eine treulose Tomate zu sein.

Treulose Tomate

All das hat mit Italien zu tun!

V ergessen, der besten Freundin eine Postkarte aus dem Urlaub zu schreiben? Eine Verabredung nicht eingehalten? Nicht zurückgerufen? Für Dinge wie diese kann man sich durchaus auch mal den Vorwurf einhandeln, eine *treulose Tomate* zu sein.

Doch warum soll ausgerechnet die Tomate treulos sein? Schließlich ist sie so unkompliziert, dass man sie sogar auf dem Fensterbrett anbauen kann – und was sich aus ihr alles herstellen lässt! Ohne Tomate wären Pizza, Pasta & Co. doch einfach nur langweilig. Und da sind wir schon ganz nah am Entstehungsort der Redewendung: in

Italien, dem Land, in dem es so viel Pizza und Pasta gibt, dass es eine wahre Freude ist.

Die Redewendung geht vermutlich auf den Ersten Weltkrieg zurück und war eine Bezeichnung, mit der die Deutschen die Italiener belegten: Seit 1882 war das Königreich Italien im sogenannten Dreierbund mit dem Deutschen Reich und Österreich-Ungarn vereint. Beide Länder erwarteten, dass Italien im Kriegsfall an ihrer Seite kämpfen würde. Doch stattdessen trat Italien zunächst gar nicht in den Krieg ein, und als es 1915 soweit war, dann mit dem Londoner Vertrag auf Seite der Alliierten. Das erboste Deutschland und Österreich-Ungarn gleichermaßen. Und da der Tomatenanbau in Italien blühte und die Italiener allzu gern das saftige rote Gemüse zu essen pflegten, entstand die Redewendung der *treulosen Tomate*. Zumal es mit der Tomatenzucht in Deutschland Ende des 19. Jahrhunderts tatsächlich nicht so gut klappte, die Tomate also in diesem Sinne treulos war.

Übrigens wurden die Italiener damals auch mit dem Namen „Treuebruchnudel" belegt. Eine ausgesprochen amüsante Bezeichnung, wenn auch sicherlich nicht poltisch korrekt. Probieren Sie doch mal aus, wie Ihr Gegenüber reagiert, wenn Sie es statt „treulose Tomate" „Treuebruchnudel" nennen.

Eva-Maria Bast

Oder waren es die Briten?

Eine weitere mögliche Erklärung für die Redewendung der *treulosen Tomate* bietet der Sprachwissenschaftler Heinz Küpper (1909-1999): Er schreibt, dass es sich auch um eine „getarnte Übernahme" des Ausdrucks „perfides Albion" handeln könne. Der Ausdruck stehe für die angebliche Hinterhältigkeit englischer Außenpolitik und wurde in Deutschland im Bezug auf verschiedene deutsch-britische Spannungen verwendet. Da der britische Soldat auch als „Tommy" bezeichnet wird, habe man den „Tommy" als Repräsentanten Großbritanniens kurzerhand zur Tomate umgewandelt.

Der Mann rechts hinten im Bild muss aufpassen, dass ihm sein Fell nicht davonschwimmt.

33

Jemandem schwimmen die Felle davon

Die Lohgerber mussten richtig schuften

D er Mann, der auf dem Mosaik über einer Tür in der Jenaer Unterlauengasse zu sehen ist, hält sein Fell gut fest. Schließlich will er nicht, dass es ihm davonschwimmt – das wäre für ihn ein herber Verlust. Er arbeitet in einer Lohgerberei, und auf dem Mosaik ist zu erkennen, dass er und seine Kollegen so richtig schuften müssen. Ganz links rührt ein Mann mit roter Mütze mit einem langen Stab in einer braunen Flüssigkeit. Daneben steht ein weiterer, der einen braunen Stoff knetet. Zwar schaut auch er etwas angestrengt, aber immerhin versüßt er sich die Arbeit mit einer Pfeife, die ihm im Mundwinkel hängt. Noch ein weiterer Arbeiter ist zu sehen, der mit einem Messer ein Stück Leder zerteilt. Und der, um den es in unserer Geschichte geht, ist durch eine geöffnete Tür zu erkennen: Er hält ein Fell in den Fluss.

„Auf dem Mosaik ist die Arbeit in einer Lohgerberei dargestellt. Indem die Felle in den Fluss gehalten wurden, wurden sie gereinigt", erklärt Günter Herzog, der sich in Jena bestens auskennt. „In den Loh-

Mann mit und ohne Fell: Günter Herzog kann das Jenaer Mosaik, unter dem er steht, lesen und erklären.

gerbereien entstand die Redewendung *Ihm schwimmen die Felle davon*. Wenn einem die Felle davonschwimmen, drückt das heute aus, dass jemand einer Situation ziemlich hilflos gegenübersteht. Er muss zusehen, wie etwas schiefläuft und kann nicht wirklich viel tun, um die Situation zu retten. Das ging den Gerbern nicht anders, wenn ihnen die Felle davonschwammen.

Und das konnte durchaus passieren, denn die Fellstücke waren ziemlich schwer. Damit sie sauber und vollständig durchtränkt wurden, wurden sie nicht nur kurz ins Wasser gehalten. Bis sie sauber waren, dauerte das eine ganze Weile. Die Gerberei war ein langwieriger Prozess, der sehr anstrengend war und viel Kraft kostete. Ohnehin waren die Aufgaben der Lohgerber nicht sonderlich angenehm: Zunächst mussten sie die Fleischreste, die noch am Fell hingen, entfernen. Dann wurden die Tierhäute, meist handelte es sich um Rinderhäute, in der sogenannten Äschergrube mit Kalk oder Pottasche eingerieben. Dadurch ließen sich die Haare besser lösen. Anschließend schabten die Gerber sie von der Tierhaut und gaben diese in die mit Lohe gefüllte Grube. Die Lohe wurde aus Rinde und Galläpfeln angefertigt. In dieser Grube blieben die behandelten Felle dann erstmal eine lange Zeit: „Ein halbes Jahr bis drei Jahre konnte der Gerberprozess schon dauern", hat Günter Herzog recherchiert.

Und wann kam der Mann mit seinen Fellen zum Einsatz? „Ganz zum Schluss, wenn das Leder fertig war, wurde es gereinigt", sagt Herzog. Wenn sie dann davonschwammen, nachdem man all die Arbeit hineingesteckt hatte, war es natürlich besonders ärgerlich. „Wobei die Felle in dem Moment, in dem sie gereinigt wurden, ja eigentlich keine Felle mehr waren", überlegt Günter Herzog. „Eigentlich müsste es heißen: *Ihm schwimmen die Leder davon.*" Doch die Arbeiter mussten die Felle zwischen den einzelnen Arbeitsvorgängen immer wieder in den Fluss halten, auch ganz am Anfang, als es sich wirklich noch um Felle handelte. Das Wasser sollte all die Fleischreste, Haare, aber auch die giftigen Stoffe, mit denen das Leder gegerbt wurde, ausspülen. Deswegen gab es in vielen Städten die Auflage, dass sich die Gerbereien am Stadtrand und an Nebenarmen der Flüsse niederzulassen hatten. Denn im Mittelalter badeten die Menschen auch in den Flüssen, schöpften Wasser und wuschen ihre Wäsche darin.

Die Gerber selbst konnten sich vor den Gesundheitsgefahren allerdings nur schwer schützen, was auch Patrick Süskind 1985 in seinem Roman „Das Parfüm" anmerkte: „Natürlich wusste Madame Gaillard, dass Grenouille in Grimals Gerberwerkstatt nach menschlichem Ermessen keine Überlebenschance besaß."

Eva-Maria Bast

....

Leder aus der Lohgerberei

In Lohgerbereien wurden Rinderfelle zu Leder verarbeitet. Man verwendete das sehr stabile Material zum Beispiel für Schuhsohlen, aber auch für Schuhe, Sättel und Taschen. Das Leder gilt als ausgesprochen widerstandsfähig.

34

Geld auf die hohe Kante legen

Als das Kreditinstitut im Schlafzimmer stand

Wer sich heute ein Himmelbett kauft, mag es romantisch. Die hoch aufragenden Holz- oder Eisenkonstruktionen mit Baldachin und Vorhängen erinnern an längst vergangene Zeiten, an Edeldamen und Prinzessinnen, die ihr adliges Haupt auf hohen weichen Kissen ablegten. „Diese Art von Bett war sehr praktisch. Wegen des Baldachins konnten von oben keine Insekten oder Schmutz von der Decke auf die Schlafenden herabfallen", erklärt Stadtführerin Elisabeth Retsch an einem wunderschön geschnitzten Holzbett in der ältesten Sozialsiedlung der Welt, der Augsburger Fuggerei (siehe Redewendung 25), die Vorzüge einer solchen Schlafstätte.

Noch einen guten Zweck hatte das Himmelbett mit seinem Gestell, das oben von der buchstäblich hohen Kante begrenzt wurde: Hier ließ sich hervorragend Geld deponieren, das vor den Blicken anderer geschützt sein sollte. „Wer also *Geld auf die hohe Kante legte,* sparte. Und wer bereits *etwas auf der hohen Kante hatte*, der war schon einen Schritt weiter und hatte sich bereits etwas zusammengespart", sagt Elisabeth Retsch. Das funktionierte mit den Brettern der Himmelbetten genauso wie mit einem hohen Schrank oder Regalen. Weil es damals noch keine Banken im heutigen Sinne gab, befand sich das familieninterne Kreditinstitut direkt im Schlafzimmer. Hier war das Ersparte weitgehend sicher. Elisabeth Retsch macht die Probe aufs Exempel: Sie legt in der Fuggerei einige Münzen und Scheine oben auf die Umrahmung des Himmelbettes und tritt zurück. „Nichts zu sehen!", stellt sie fest und fügt an: „Wer sich nicht auf die hohe Kante verlassen wollte, ließ sein Bett mit Geheimfächern ausstatten, in denen größere Mengen an Bargeld noch sicherer verwahrt werden konnten."

Elisabeth Retsch legt Geld auf die hohe Kante des Himmelbetts in der Augsburger Fuggerei. Hier verwahrten die Menschen im Mittelalter tatsächlich ihr Erspartes.

Das Problem, ihr Geld vor Dieben schützen zu müssen, hatten die Menschen in der Fuggerei jedoch nicht. „Jakob Fugger hat diese Sozialsiedlung 1521 für schuldlos verarmte Augsburger Bürger gestiftet", erklärt Elisabeth Retsch. Die Gemeinsamkeit aller Bewohner bestand in ihrer Armut. Herkunft, Alter und Familienstand spielten dagegen keine Rolle. Dafür sollte jeder mithelfen und sich mit kleinen Diensten in die Gemeinschaft einbringen, zum Beispiel als Nachtwächter, Mesner oder als Hobby-Gärtner.

„Wer Geld auf die hohe Kante legte, der sparte."

Das Himmelbett, auf dessen hoher Kante vermutlich nie viel Geld zusammenkam, steht in einem der drei historisch eingerichteten Räume im Fuggerei-Museum.

Egal, ob dort wie bei den Wohlhabenderen größere Mengen Bargeld lagen oder wie bei den Bewohnern der Fuggerei eher einige wenige Münzen: Die hohe Kante hat sich bis heute als Redewendung erhalten. Menschen, die *Geld auf die hohe Kante legen*, geben ihr Geld nicht leichtfertig aus, sondern halten es zusammen und sparen es an. Natürlich verwenden sie dafür in den meisten Fällen nicht mehr die hohe Kante ihres Bettes, sondern ihr Bankkonto. Darüber, was sinnvoller ist, lässt sich trefflich streiten.

Heike Thissen

Gestapelte Münzen

Die „hohe Kante", auf die man das Geld legte, hat auch noch einen anderen Ursprung: Wer mehrere Münzen beisammen hatte, der stapelte sie aufeinander und umwickelte sie mit Papier fest zu einer Rolle, so dass sie auf der hohen Kante standen.

Geograf Peter Wawrzyniak zwischen den beiden Betonwänden.

35

Im Dreieck springen

Verzweifelt und ohne Perspektive

E s sieht merkwürdig aus: Mitten in einem von alten Mauern umgebenen öffentlichen Gelände in Berlin-Moabit befindet sich ein riesiges Dreieck aus Beton. Genauer: Es sind zwei Betonwände, die an ihrem unteren Ende so eng zusammenstehen, dass man gerade noch hindurchpasst. Zu ihren anderen Enden hin werden sie dagegen weiter. Betritt man den dazwischenliegenden Raum, empfindet man ein eigenartiges Gefühl der Beklommenheit. Das ging auch denen so, die gezwungen waren, sich hier aufzuhalten. Hier, wo die Redewendung *Im Dreieck springen* geprägt wurde.

„Seit Mitte des 19. Jahrhunderts bis in die 1950er-Jahre stand hier das preußische Mustergefängnis", erzählt Peter Wawrzyniak. „In diesem Gefängnis sollte Kriminalität wie eine ansteckende Krankheit bekämpft werden, weshalb die Gefangenen untereinander abgeschottet wurden. Das ganze Gefängnis war auf Isolationshaft ausgelegt." Und genau das sei auch das vermeintlich Musterhafte daran gewesen: die Gefangenen durch Isolation zu läutern. „Ihre Unterbringung war noch das kleinste Problem. Man ist einfach weg von der Gruppenunterbringung hin zur Einzelzelle gegangen." Der Alltag habe sich hingegen komplizierter gestaltet. „In der Kirche und auch im Schulgebäude bekamen die Gefangenen Sitze, deren Vorderseite offen und deren Seiten Holzwände waren", berichtet der Geograf. Sichtkontakt mit anderen Gefangenen war somit unmöglich, und die zahlreichen Wärter sorgten dafür, dass keiner mit dem anderen redete. Das erklärt auch die dreieckigen Elemente. „Von diesen Dreiecken lagen 20 nebeneinander, man muss sich das wie Kuchenstücke vorstellen. Alle zusammen ergaben einen Kreis", erklärt der Stadtführer. Die Gefangenen, die frische Luft schnappen sollten, wurden also in diese „Kuchenstücke" gesteckt. „Und auch hier stand in der Mitte ein Wärter, der aufpasste, dass sich die Gefangenen nicht austauschten." Damals handelte es

„In diesem Gefängnis wollte man Kriminalität wie eine ansteckende Krankheit bekämpfen und schottete die Gefangenen untereinander ab. Das ganze Gefängnis war auf Isolationshaft ausgelegt."

sich um Holzverschläge, die Betonwände wurden bei der Gestaltung zum heutigen Geschichtspark zur Erinnerung nachgebaut.

Wie aber kamen die Menschen zu den Freigangbereichen, ohne sich zu sehen? Peter Wawrzyniak zeigt ein altes Bild, auf dem die Gefangenen mit Masken über dem Gesicht zu sehen sind, die es ihnen unmöglich machten, nach rechts, links oder nach vorne zu schauen. Allein die Blickrichtung auf die eigenen Schuhe war möglich. „Das Ende vom Lied kann man schon erahnen", kommentiert er. „Die Gefangenen sind verrückt geworden." Manches Mal hätten sie auch beim Freigang innerhalb der dreieckigen Mauern regelrecht getobt, seien also gewissermaßen *im Dreieck gesprungen*. Immerhin konnten sie hier ein Stück Himmel sehen. Wer im Preußischen Mustergefängnis *im Dreieck sprang* – für den rückte die Freiheit aber in noch weitere Ferne: Aufgrund der vielen Gefangenen mit psychischen Problemen habe man eine psychiatrische Anstalt an das Gefängnis angebaut, berichtet Wawrzyniak.

In Dreiecken wie diesem hatten die Gefangenen „Freigang".

Auf die bewegte Geschichte des Gefängnisses und derer, die dort im Dreieck sprangen, sei hier kurz eingegangen, denn sie ist eng mit der Geschichte verbunden: „1847 fand hier der erste politische Prozess gegen rund 250 polnische Freischärler statt. Sie sollen in Posen einen Aufstand gegen Preußen organisiert haben, weil sie ihren polnischen Staat nach den Grenzen von 1772 wiederhaben wollten", erläutert der Berliner. „König Friedrich Wilhelm IV. wollte ein Exempel statuieren und versprach, die Dissidenten nach Berlin zu bringen und ihnen den Prozess zu machen. Alle sollten sehen, dass hier hart durchgegriffen wurde." Die Verhandlungen in diesem Gefängnis gingen daher als Polenprozess in die Geschichte ein. Zahlreiche Freischärler wurden verurteilt. Acht – an anderen Stellen heißt es zwei – zum Tode, rund Hundert zu langer Gefängnishaft. „Die Delinquenten harrten der Dinge, die da kommen sollten, und warteten auf ihre Hinrichtung", sagt Peter Wawrzyniak. Die Dinge kamen tatsächlich – allerdings anders, als gedacht. Man beachte das Jahr, in dem sich all das abspielte: 1847, das Vorjahr der Revolution. „Mit dem März 1848 begann der Frühling in Berlin nicht nur in kalendarischer Hinsicht", merkt der Geograf an. „Es war ein politischer Frühling: die Märzrevolution, in der die Revolutionäre sich gegen die Fürsten erhoben und für ein geeintes Deutschland kämpften."

„Der König kapitulierte in Berlin und zog seine Truppen ab", fasst Wawrzyniak zusammen. „Und die Berliner haben sich sofort an ihre Genossen aus Polen erinnert, die in Moabit in Gefangenschaft saßen. Sie sind mit einem großen, mit Girlanden geschmückten Pferdefuhrwerk hergefahren, zu den Wärtern gegangen und haben gesagt: ,Entweder macht ihr uff, oder wir kommen so rin. Könnt ihr euch überlegen, was besser für euch ist'."

„Von diesen Dreiecken lagen 20 nebeneinander, man muss sich das wie Kuchenstücke vorstellen. Alle zusammen ergaben einen Kreis."

Die Wärter, erklärt der Berliner, hätten schnell erkannt, dass sie dem revolutionären Eifer der siegreichen Aufständischen nicht allzu viel entgegenzusetzen hätten. „Sie haben rasch nachgegeben und die Gefängnistore geöffnet. Und die 256 polnischen Freischärler wurden in einem riesigen Triumphzug am 22. März 1848 durch die Stadt nach Osten transportiert." Damit habe die politische Geschichte vom Moabiter Gefängnis ihren Anfang genommen – aber die, die nach den Polen hier einsitzen mussten, hatten nicht so viel Glück.

„Das nächste große Ereignis kam 1918", erzählt Peter Wawrzyniak. „Der Erste Weltkrieg war ja zu Ende, die Volksmarinedivision kam aus Wilhelmshaven und Kiel nach Berlin." Ihr Ziel: eine Räterepublik nach sowjetischem Vorbild. „Dagegen musste sich die junge Demokratie natürlich wehren." Man habe die Aufständischen inhaftiert, das Gefängnis Moabit wurde innerhalb kürzester Zeit zu einer Massenunterkunft. „Von Januar bis März 1919 waren hier 4500 Menschen inhaftiert", verdeutlicht er. „Und das, obwohl in den Einzelzellen nur Platz für 528 Menschen ist. Das Gefängnis war also fast zehnfach überbelegt."

Es gibt ein Einzelschicksal, das den Berliner besonders berührt hat: Das des Karl Radek (1885-1939). „Karl Radek war der engste Vertraute von Lenin. Lenin hatte eine ganz einfache Logik entwickelt: Er sagte, wenn sich der Kommunismus in der ganzen Welt verbreiten soll, brauche ich Berlin. Denn: Wenn ich Berlin habe, habe ich Deutschland. Wenn ich Deutschland habe, habe ich Europa. Wenn ich Europa habe, habe ich die Welt." Berlin, erläutert der Geograf, sei damals die größte Industriestadt in Europa gewesen. „Das heißt, der kommunistische Gedanke würde von Berlin aus auch in die anderen europäischen Länder schwappen und von dort aus in die Kolonialländer."

Radek musste – Überfüllung hin oder her – nicht nur in einer Einzelzelle sitzen, sondern er wurde auch noch angekettet. Um seinen Vertrauten freizubekommen, habe Lenin Verhandlungen mit der Reichsregierung aufgenommen, die aber kein Ergebnis brachten. Auch eine Geiselnahme mit Austauschangebot half nichts. „Dann kam Lenin auf die geniale Idee, Karl Radek zum Botschafter der Ukraine zu erklären. Damit genoss Radek Immunität. Und darauf hat Deutschland reagiert. Sie konnten nicht anders, schließlich waren sie isoliert, wurden nach dem Ersten Weltkrieg überall ausgeschlossen. Und sie wollten ja gerne wieder in die Völkergemeinschaft zurück. Sie hätten es sich schlicht nicht leisten können, einen Botschafter zu liquidieren." So klug Lenin gewesen sein mag – Deutschland stand ihm in nichts nach: „Man hat Karl Radek zwar hier aus diesem Innenbereich rausgenommen, aber in einem der Beamtenwohnhäuser unter Hausarrest gestellt", erzählt Peter Wawrzyniak. „Und Radek hat hier alle empfangen, die zu empfangen waren. Staatsgäste, Wirtschaftsmagnaten."

Ab 1940 wurde das Gefängnis zu einem politischen Knast der Nationalsozialisten. „Hier wurden die Deserteure und Widerstandskämpfer inhaftiert, um dann abgeurteilt und später hingerichtet zu werden. Das war sozusagen der Vorhof zur Hölle", erklärt der Berliner. Denn anschließend „ging es zum Volksgerichtshof zur Verhandlung." Und wenn dort das Todesurteil beschlossen wurde, wurden die Gefangenen in der Hinrichtungsstätte Plötzensee ermordet.

> *„Das heißt, der kommunistische Gedanke würde von Berlin aus auch in die anderen europäischen Länder schwappen und von dort aus in die Kolonialländer."*

Die Männer, deren Freiheit sich auf das winzig kleine Dreieck beschränkte, waren also oft genug Freigeister. Und manchmal waren sie Poeten: Auch der Geograf Albrecht Georg Haushofer (1903-1945) war hier inhaftiert. Ein Widerstandskämpfer, der seine Gefühle in Worte kleidete. An der Gefängniswand steht ein Zitat aus seinen

Gedichten. Es greift die Stimmung auf, die man heute noch empfindet, wenn man durch die Betonmauern geht: „Von allem Leid, das diesen Bau erfüllt, ist unter Mauerwerk und Eisengittern ein Hauch lebendig, ein geheimes Zittern."

Eva-Maria Bast

Schwedische Gardinen

Hinter schwedischen Gardinen sitzen – auch das ist eine Redewendung, die im Zusammenhang mit einem Gefängnis steht. „Gardine" ist hier ein Euphemismus für Gitter und selbiges war aus dem besonders hochwertigen schwedischen Erz gefertigt.

*Auf dem Fries am Alten Rathaus in Hannover ziehen
sich zwei Herren gegenseitig über den (hier allerdings
nicht sichtbaren) Tisch.*

Jemanden über den Tisch ziehen

Eine nicht immer appetitliche Angelegenheit!

S ie scheinen einander nicht grün zu sein, die beiden steinernen Herren, die da oben an der Ostseite des Alten Rathauses
in Hannover rangeln. Oder nein, eigentlich ist rangeln der
falsche Ausdruck. Denn es sieht ziemlich merkwürdig aus,
was die beiden Männer da tun: Sie sind zueinander gebeugt und durch
ein Band, das hinter ihren Nacken verläuft, miteinander verbunden.
Anscheinend versuchen sie, den jeweils anderen auf ihre Seite zu ziehen. Was ergibt das für einen Sinn?

„Wäre der Tisch, an dem die beiden sitzen, auf dem Fries am Alten
Rathaus zu sehen, würden wir sehr schnell erkennen, dass hier das
Sprichwort *Über den Tisch ziehen* dargestellt ist", erklärt Jürgen Veith.

Er ist 2008 aus dem Saarland nach Hannover gezogen und hat sich auf langen Spaziergängen mit den Kunstwerken im öffentlichen Raum vertraut gemacht. „Dieses sogenannte Luderziehen war ein Kraftspiel, das auch eine Anspielung auf die abgehaltenen Verhandlungen war, wenn es in der Nähe von Gerichtsorten dargestellt wurde", berichtet Veith. Und tatsächlich befindet sich die Gerichtslaube genau auf der anderen Seite des Rathauses: Unter dem kleinen Vorbau wurden Urteile zu Straftaten gesprochen, und die waren für heutige Begriffe denkbar grausam. Man köpfte, hängte oder räderte – wenn auch nicht direkt in den Gerichtslauben. Übrigens sind Reliefs mit einer Darstellung des Luderziehens nicht nur in Hannover zu sehen: Auch in Braunschweig, Heilbronn, Lübeck, Lüneburg und etlichen weiteren Städten sind sie zu finden – oft eben in der Nähe von Rathäusern, vor denen früher Gericht gehalten wurde.

Jürgen Veith kann die Entstehung der Redewendung „Jemanden über den Tisch ziehen" erklären.

Zurück zum Luderziehen: Versuchten die Kontrahenten, sich gegenseitig über den Tisch zu ziehen, sei das noch vergleichsweise harmlos gewesen, erzählt Jürgen Veith. „Die wildere Form erfolgte über einem Feuer oder Kamin." Da wurde es dann besonders unangenehm, auf die andere Seite gezogen zu werden – wer am weitesten über dem Feuer hing, kam ganz schön ins Schwitzen. Dieses „Spiel" sei im 15. und 16. Jahrhundert in ganz Deutschland und in Skandinavien verbreitet gewesen, erklärt Jürgen Veith. Der Kunstführer hat entdeckt, dass auf dem Fries am Rathaus nicht nur ein, sondern zwei Redensarten dargestellt sind: „Der rechte Mann hat seine treusorgende Ehefrau dabei, die seinen Rock, der beim Ziehen hochrutscht, unten hält." Damit, schmunzelt der Stadtkenner, verhindere sie, dass er sich *eine Blöße gibt.* Dieser peinliche Umstand ereilt den anderen Mann, der keinen hat, der ihm den Rock zurecht rücken könnte. Stattdessen hockt Till Eulenspiegel in seinem Rücken und rührt keinen Finger, um den Mann vor der Peinlichkeit zu bewahren. Das hat zur Folge, dass „die Attribute seiner Männlichkeit zu sehen sind", wie es Jürgen Veith elegant ausdrückt. „Er gibt sich also eine Blöße."

„Dieses sogenannte Luderziehen war ein Kraftspiel, das auch eine Anspielung auf die abgehaltenen Verhandlungen war, wenn es in der Nähe von Gerichtsorten dargestellt wurde."

Das Luderziehen war auch unter dem Begriff Strebkatzenziehen bekannt, „weil sich die Kontrahenten wie sich sträubende Katzen gegenübersitzen", erklärt Veith. Und dieses Strebkatzenziehen findet sich schon früh in der Literatur, zum Beispiel in Sebastian Brants Narrenschiff (1494), in dem es heißt: „Es züht die kräbkatz mancher man | der doch das merteyl noch musz lan." 1524 ist auf dem Titel der Streitschrift „Die Luterisch Strebkatz zugunsten der Reformation" sogar Martin Luther (1483-1546) mit dem Papst beim Strebkatzenziehen abgebildet. Worüber die beiden streiten, ist nicht schwer zu erraten.

Welchen Streit die Herren auf dem Fries am Alten Rathaus in Hannover miteinander austragen oder ob sie nur miteinander spielen, das bleibt wohl ein Geheimnis, das die beiden fest in ihren steinernen Köpfen bewahren.

Eva-Maria Bast

Strebekatzenziehen

Es gibt ein Spiel, das Kinder noch heute gerne spielen und das aus dem Strebkatzenziehen entstanden ist: das Tauziehen. Unappetitlicherweise hat man bei einer mittelalterichen Variante des Spiels, dem sogenannten Luderziehen, an einem mit Kot gefüllten Schweinedarm gezogen. Wenn dieser riss ... Nun denn, man kann es sich vorstellen.

37

Jemandem etwas andrehen

Wie der Händler seine Kunden betrügt

Wahrscheinlich gibt es nur wenige Menschen, die sich nie etwas haben andrehen lassen. Die meisten haben irgendwann einmal etwas gekauft, das sie eigentlich gar nicht haben wollten und dabei im schlechtesten Fall zu viel Geld für qualitativ minderwertige Ware bezahlt. „Dieses *Jemandem etwas andrehen* benutzen wir heute in vielen Zusammenhängen. Auch ein Auto oder sogar ein Haus kann man sich andrehen lassen. Die ursprüngliche Bedeutung bezog sich aber auf wesentlich kleinere Gegenstände", erklärt Dr. Christine Freise-Wonka. Auf dem Bamberger Markt in der Innenstadt zeigt sie am Obststand ihres Vertrauens anhand eines Apfels, was sie damit meint.

„Schlaue Händler präsentierten ihren Kunden zum Beispiel einen beschädigten Apfel derart, dass die faule Stelle nicht zu sehen war. Sie priesen ihnen also das Stück Obst an, indem sie es so in ihrer Hand drehten, dass es makellos erschien", sagt die Bamberger Stadtführerin. Alles, was der Käufer sah, war die unbeschädigte Seite des Obstes. Dieses Andrehen war also nur möglich mit Ware, die sich in der Hand halten und dem interessierten Kunden präsentieren ließ. Dem Händler gelang es auf diesem Weg, ihm Dinge aufzuschwatzen, die er eigentlich gar nicht kaufen wollte. Denn es war ja mit Sicherheit nicht im Sinne des Kunden, ein bereits beschädigtes Lebensmittel zu erwerben.

In einer Stadt wie Bamberg hat das *Jemandem etwas andrehen* schon lange Tradition. Denn die Geschichte der Marktkaufleute reicht hier bis ins 11. Jahrhundert zurück. „Als Bamberg zum Bistum erhoben wurde und sich ein Hofstaat etablierte, der auch Gäste zu bewirten hatte, stieg der Bedarf an Lebensmitteln stetig und mit ihm die Zahl der Gemüse- und Obstgärtner", geht Christine Freise-Wonka weit in der Geschichte zurück. Wo gute Bodenverhältnisse, günstige Bewässerungsmöglichkeiten und der Fleiß der Gärtner es

Christine Freise-Wonka hat den Dreh raus und zeigt einen Apfel auf dem Bamberger Wochenmarkt so, dass seine Druckstelle nicht zu sehen ist: Sie dreht ihn jemandem an.

zuließen, habe die Produktion den Eigenbedarf überstiegen, sodass die Gemüsebauern Handel betreiben konnten.

„Ihre Arbeit war hart. Sie verrichteten sie gebückt oder auf den Knien und bestellten manche Felder bis zu vier Mal im Jahr", weiß die Stadtführerin zu berichten. Säen oder Einbringen der vorgezogenen Pflänzchen in die Äcker, Düngen, Unkraut jäten, Boden lockern und mühsames Ernten: Die Feldbauern waren von Sonnenaufgang bis Sonnenuntergang bei der Arbeit.

> *„Schlaue Händler präsentierten ihren Kunden zum Beispiel einen beschädigten Apfel so, dass die faule Stelle nicht zu sehen war."*

Mitte des 19. Jahrhundert beschäftigte das Gärtnerhandwerk in einer Stadt wie Bamberg rund ein Fünftel aller Erwerbstätigen. Doch diese Blütezeit war von kurzer Dauer. „Genau 100 Jahre später betrug der Anteil nur noch 2,6 Prozent. Und heute fallen die Gärtner kaum mehr ins Gewicht", rechnet die Bambergerin vor. Die europaweite Konkurrenz, das fehlende Ackerland und die harten Arbeitsbedingungen, die sich im Laufe der Jahrhunderte kaum verbessert hatten, waren die Gründe dafür.

Eines hat sich jedoch sehr wohl verändert im Leben der Gärtner: Ihre Kunden sind heute anspruchsvoller als im 19. Jahrhundert und prüfen erst einmal selbst die Ware, die sie kaufen wollen. Ihnen etwas anzudrehen, ist inzwischen schwierig geworden. Aber das würde ohnehin keiner der rechtschaffenen und vertrauenswürdigen Gärtner auf dem Grünen Markt in Bamberg versuchen.

Heike Thissen

Den Dreh raushaben

Wer jemandem etwas erfolgreich *angedreht* hat, der hat *den Dreh raus*. Auch diese Redewendung hing ursprünglich unmittelbar damit zusammen, dass ein Täuschungsmanöver gelungen war. Heute bedeutet es, dass jemand etwas geschickt anstellt und weiß, was er tut.

Wer in Nürnberg heute nur Bahnhof versteht, denkt an dieses Gebäude.

38

Nur Bahnhof verstehen

Wenn die Sehnsucht die Ohren verstopft

Wie euphorisch zogen die deutschen Soldaten in den Ersten Weltkrieg! Als Kaiser Wilhelm II. (1859-1941) am 1. August 1914 Russland den Krieg erklärte, kannte die Begeisterung in großen Teilen der Bevölkerung keine Grenzen. Kritische und warnende Stimmen – auch die gab es – wurden von lautem „Hurra!" übertönt. In einer schnellen und harten Schlacht

Frankreich besiegen, dann erfolgreich das russische Heer im Osten unterwerfen und zu Weihnachten wieder zuhause unter dem Tannenbaum sitzen: Das war – stark verkürzt natürlich – der Plan. Doch der ging nicht auf. Der Vormarsch nach Frankreich kam schon im September 1914 ins Stocken. Die Euphorie wich in den grausamen Grabenkämpfen und jahrelangen Materialschlachten der Todesangst.

„Der Bahnhof war ein Synonym für die Heimat. Wer ‚Bahnhof‘ hörte, der durfte nach Hause. Also wollte es natürlich jeder hören.“

„Da muss man sich nicht wundern, dass sich die Soldaten nichts sehnlicher wünschten, als endlich in den Zug zu steigen und nach Hause zu fahren“, sagt Karola Gärtner. Deswegen verstanden die Männer an der Front gegen Ende des Ersten Weltkriegs nur noch Bahnhof. Denn das war das Ziel ihrer Sehnsucht, etwas anderes wollten sie nicht mehr hören. „Der Bahnhof war ein Synonym für die Heimat. Wer ‚Bahnhof‘ hörte, der durfte nach Hause. Also wollte es natürlich jeder hören“, erklärt die Nürnberger Gästeführerin. Selbst anderslautende Befehle von Vorgesetzten klangen dann nach dem ersehnten Wort, weil die Soldaten anderes bewusst nicht mehr verstehen wollten.

Schon bald beendeten die Kriegsmüden Gespräche, die sich thematisch in eine andere Richtung als die der Heimkehr entwickelten, mit *Ich verstehe nur Bahnhof.* Mit anderen Themen kannten sich viele von ihnen auch gar nicht mehr aus, so eingenommen waren sie von dem Gedanken an die Zugfahrt nach Hause. Nur wenn es um den Gesprächsstoff Bahnhof ging, konnten und wollten sie mitreden.

Die Heimatstadt von Karola Gärtner hat viel damit zu tun, dass die Soldaten im Ersten Weltkrieg mit dem Zug in die Einsatzgebiete transportiert werden konnten. Denn in Nürnberg wurden schon früh moderne Transportmittel benutzt. Von hier fuhr am 7. Dezember 1835 die erste in Deutschland eingesetzte Dampflok namens Adler ins sechs Kilometer entfernte Fürth, wo sie nach unerhört kurzer Fahrt von nur neun Minuten eintraf. Fast acht Wochen hatte die Anlieferung aus der englischen Lokomotivfabrik gedauert, bis sie – zerlegt in ihre Einzelteile – in Nürnberg ankam, zusammengeschraubt und auf die neuen Gleise gestellt wurde. „Die Fahrt des Adler war eine absolute Sensation.

Staunend und ehrfurchtsvoll standen die Menschen an der Strecke, um bei diesem historischen Ereignis dabei zu sein und einen Blick auf dieses hochmoderne Schienenfahrzeug zu erhaschen", beschreibt Karola Gärtner die Wirkung. Von da an nahm der Siegeszug der Eisenbahn seinen Lauf. Das Schienennetz wurde ausgebaut, Bahnhöfe errichtet, immer mehr Loks mit Anhängern in Betrieb genommen – und das längst nicht nur, um Reisegäste zu transportieren. Ab 1850 gab es Überlegungen, die Eisenbahn auch militärisch zu nutzen, konnten mit ihr Truppen doch sechs Mal schneller transportiert werden als auf der Straße. Ab 1909 setzte in Deutschland eine beispiellose Bautätigkeit ein, bei der Gleise und Strecken ausgebaut und selbst entlegene Gebiete mit Haltestationen ausgestattet wurden: Die fortschreitende Industrialisierung, aber auch die militärische Aufrüstung waren in vollem Gange. Mit dem Zug, so dachten die Befehlshaber, könnten die Truppen schnell ins Kriegsgebiet und ebenso schnell wieder nach Hause fahren. Für den Hinweg mag das gegolten haben, nicht jedoch für die Rückfahrt. Denn davon, dass die meisten Soldaten zu lange und viele von ihnen ohnehin vergeblich auf die Heimfahrt mit dem Zug warteten,

Mit dem Adler – hier der Nachbau im Nürnberger Museum der Deutschen Bahn – begann die Erfolgsgeschichte der Eisenbahn in Deutschland.

zeugt das *Ich verstehe nur Bahnhof* noch heute. Inzwischen meinen wir damit aber, dass wir überhaupt nicht verstehen, wovon die Rede ist, oder absichtlich nicht verstehen wollen, worum es eigentlich geht. Mit den grauenhaften Erlebnissen der demoralisierten, übermüdeten und körperlich ausgelaugten deutschen Soldaten im Ersten Weltkrieg und der großen Sehnsucht nach Zuhause hat die Redewendung für uns schon lange nichts mehr zu tun.

Heike Thissen

Pünktliche Abfahrt

Vor der Eisenbahn gab es in Deutschland viele verschiedene Zeitzonen. Genau genommen hatte sogar jeder größere Ort seine eigene Uhrzeit, die nach dem Stand der Sonne synchronisiert wurde: Wenn diese sich an ihrem höchsten Punkt befand, war es Mittag. In Bayern galt beispielsweise die Münchner Uhrzeit, die der in Preußen geltenden Berliner Zeit sieben Minuten hinterherhinkte. Ein Dilemma für die Eisenbahn und alle, die auf pünktliche Abfahrts- und Ankunftszeiten angewiesen waren! Deshalb wurde mit dem Reichsgesetz vom 1. April 1893 die mitteleuropäische Zeit für alle verbindlich eingeführt.

Mit einer Holztruhe wie dieser konnte man ganz schnell auf den Hund kommen, wenn man nicht aufpasste. Elisabeth Retsch kennt die Geschichte dazu.

Auf den Hund kommen

Eine Bedeutung, viele Erklärungen

Hundebesitzer, die sich ihr Tier gerade erst neu gekauft haben, werden gerne gefragt: „Bist du jetzt etwa auch *auf den Hund gekommen*?" Damit verballhornt der Fragesteller eine Redewendung, die etwas ganz anderes meint, als sich einen Vierbeiner angeschafft zu haben. Denn eigentlich bedeutet *Auf den Hund kommen*, dass es einem finanziell oder gesundheitlich richtig schlecht geht. Theorien dazu, wie die Redewendung entstanden ist, gibt es viele.

Die Augsburgerin Elisabeth Retsch kennt eine der zahlreichen Herleitungen, die gar nichts mit echten Hunden, sondern nur mit deren Abbild zu tun hat: „Bevor sich die Menschen Schränke und Kommoden leisten konnten, bewahrten sie ihr gesamtes Hab und Gut in einer Truhe auf. Wenn sie nun aber in eine finanzielle Notlage gerieten und gezwungen waren, ihre Habseligkeiten nach und nach zu verkaufen, kamen sie auf den Hund." Dieser Moment war dann gekommen, wenn sie bis zum Boden schauen konnten. Dort nämlich war bei vielen Truhen ein Hund aufgemalt oder eingeschnitzt. Er fungierte als symbolischer Wachhund, der auf den Inhalt aufpassen sollte. „Egal, was in der Truhe war: Wer *auf den Hund kam*, besaß fast gar nichts mehr", verdeutlicht die Stadtführerin. Das galt für arme Leute genauso wie für Könige, Fürsten und ganze Städte. Denn auch in ihren privaten Schatz- oder städtischen Geldtruhen kam irgendwann beim Hund auf dem Boden an, wer schlecht gewirtschaftet und sein Vermögen aufgebraucht hatte.

„Wenn man auf den Hund gekommen war, besaß man gar nichts mehr."

Auf den Hund gekommen im wahrsten Sinne des Wortes waren aber auch viele arme Bauern. Wenn sie es sich nicht leisten konnten, ein Pferd, einen Ochsen oder einen Esel vor ihr Fuhrwerk zu spannen, landeten sie am unteren Ende der Reihe von Tieren, die einen Karren ziehen konnten: Sie mussten mit einem Hund vorlieb nehmen und von ihm den – dann natürlich wesentlich kleineren – Karren ziehen lassen. So konnte jeder auf den ersten Blick erkennen, dass es zu mehr nicht gereicht hatte.

Die Gebrüder Grimm ziehen Ende des 19. Jahrhunderts in ihrem Wörterbuch neben vielen anderen Erklärungen wiederum eine alte germanische Rechtspraxis zu Rate. Demnach mussten verurteilte Straftäter als Zeichen ihrer Strafe einen echten Hund tragen. Die Bedeutung, die damit verbunden war: Dieser Mensch ist nichts mehr wert und darf wie ein verachtetes Tier behandelt werden. Die Grimms formulieren das so: „auf der verächtlichkeit des hundes beruht die alte strafe des hundetragens (…), damit anzuzeigen, dasz er wert sei, gleich einem hund erschlagen und aufgehängt, an der seites eines hunds aufgehängt zu werden."

Auf den Hund gekommen zu sein, war also schon immer eine äußerst unangenehme Angelegenheit. Erst in jüngster Zeit wird der Redewendung ihr Schrecken genommen – nämlich immer dann, wenn ein Hundebesitzer gefragt wird, ob er jetzt etwa auch *auf den Hund gekommen* sei.

Heike Thissen

Kaiserliche Strafe: das Hundetragen

Der Überlieferung nach ließ Kaiser Otto I. im Jahr 938 die Anhänger des aufrührerischen Herzogs Eberhard von Bayern zur Strafe Hunde tragen. Und auch Kaiser Barbarossa machte von der Methode Gebrauch, mit der vor allem Adlige belegt wurden, die Landfriedensbruch begangen hatten. Er rächte sich 1154 unter anderem an dem oberrheinischen Wildgrafen Konrad I., weil der sich an einer bewaffneten Auseinandersetzung mit dem Mainzer Erzbischof Arnold von Selenhofen beteiligt hatte, und ließ auch ihn einen Hund tragen.

40

Auf großem Fuße leben

Der Schnabelschuh als Statussymbol

*A*uf großem Fuße leben – das können zweifellos auch Menschen mit Schuhgröße 35 oder 36. Denn die Schuhgröße hat heutzutage rein gar nichts mit dem Kontostand zu tun. „Das war im Mittelalter anders", sagt die Bremerin Katharina Rosen, die ein großes Interesse an Redewendungen hat. Und fügt schmunzelnd hinzu: „Es war natürlich nicht so, dass die Größe des Fußes etwas mit Reichtum zu tun hatte. Die Größe des Schuhs hingegen sehr wohl: Wer reich war, ließ sich möglichst große Schuhe anfertigen, um zu zeigen, wie viel Leder er sich leisten kann. Je länger eine Spitze, desto besser."

Immer wieder taucht im Zusammenhang mit der Redewendung *Auf großem Fuße leben* ein gewisser Graf von Anjou auf. Der mittelalterliche französische Adlige soll von einem so großen Geschwulst am Fuß geplagt worden sein, dass dieser in keinen normalen Schuh gepasst habe. Doch wer über ausreichend Geld verfügt, kann sich Sonderanfertigungen leisten. So auch der Graf: „Er ließ einen Schuster riesige Schnabelschuhe nähen, die ihm bequem passten", sagt Katharina Rosen. Der Autor Friedrich Raumer schrieb 1829 halb ehrfürchtig, halb bewundernd: „Von dem Grafen Fulko von Anjou, der übel gebaute Füße hatte, und von einigen leichtfertigen Hofleuten am Hofe Wilhelms des Rothen gingen die bis zwei Fuß langen mit Werg angefüllten Schnabelschuhe aus. ‚Sie richten sich', sagt ein Schriftsteller, ‚wie Schlangenschwänze oder Skorpionen in die Höhe, oder winden sich wie Widderhörner hin und her, welche Umgestaltung der göttlichen Werke für eine Lästerung zu achten ist.'"

Weil er angesehen war, stellten seine überdimensionalen Schuhe kein Stigma dar – im Gegenteil: Anjou wurde zu dem, was man heute wohl einen Trendsetter nennen würde. Wer reich und von Adel war, wünschte, nun ebenfalls Schnabelschuhe zu tragen. Besonderer Beliebtheit erfreuten sie sich im späten 14. Jahrhundert, gerieten dann

Katharina Rosen präsentiert an einer Skulptur in Bremen den Schnabelschuh.

*Schnabelschuh aus dem
15. Jahrhundert.*

Anfang des 15. Jahrhunderts aus der Mode, um Mitte des 15. Jahrhunderts erneut ausgesprochen beliebt zu werden. Nun wurden auch spezielle Kleiderordnungen für Schnabelschuh-Träger erlassen. Zum Beispiel erging 1463 die Anordnung, dass die Spitzen nicht länger als zwei Zoll sein durften. 1465 wurde die Herstellung größerer Schuhe sogar verboten.

Mit der Zeit setzte sich der Trend auf breiter Ebene durch – nach wie vor verwies die Länge der Schuhspitzen auf den sozialen Stand. Und hier sind wir wieder bei der Redewendung *Auf großem Fuße leben*. Je größer der Schuh, desto höher der Status seines Trägers. Normale Bürger trugen Schuhe, die die Länge ihres Fußes hatten, da sie sich mehr Material nicht leisten konnten. Die Schuhe eines Ritters waren dagegen um die Hälfte länger als der eigentliche Fuß, und Barone gönnten sich gar die doppelte Länge. Den Autor der Chronik „Eulogium Historiarum" irritierte diese Schuh-Hierarchie: „In diesem Jahr (1362) und dem vorangegangenen wurde die ganze englische Gesellschaft auf den Kopf gestellt. (...) Man hat neuerdings Schuhe mit fingerlangen Spitzen, die man Crakowes nennt. Sie wirken eher wie die Teufelskrallen, nicht wie Bekleidung für Menschen."

Eva-Maria Bast

Die Anfänge der Schuhe

Schon in der Eiszeit haben die Menschen ihre Füße geschützt, beispielsweise mit Tierfellen vor Kälte. Aus Fellen, die um die Füße gewickelt wurden, soll sich der Mokassin entwickelt haben. Als Vorläufer der Sandale gelten Palmblätter, die die Füße in wärmeren Ländern vor dem heißen Boden schützten.

Mit Färberwaid ließen sich Stoffe blau färben. Doch dafür benötigte man noch eine weitere – unappetitliche – Zutat.

Blaumachen

Gezwungenermaßen auf die faule Haut gelegt

Schon mal *blaugemacht*? Dieser Tätigkeit – oder eher: Untätigkeit – lässt es sich besonders gut bei schönem Wetter nachgehen. Und es gibt Männer, die im Mittelalter gezwungenermaßen *blaumachen* mussten. Idealerweise waren sie dabei auch noch betrunken, also blau: „Bevor es synthetische Farbstoffe gab, färbte man Stoffe, die blau werden sollten, mit Färber-

149

waid", sagt Kosmetikerin und Farbberaterin Désirée Edelbluth aus Aalen im Ostalbkreis, die sich entsprechend für die Entstehung der Farben interessiert. Diese Pflanze kommt in Mitteleuropa vor, ihr botanischer Name lautet „Isatis tinctoria". Seit dem 9. Jahrhundert wurde Färberwaid in Deutschland vor allem im heutigen Thüringen angebaut. Nach der Ernte wurden die Waidblätter gereinigt, getrocknet und gemahlen. In der Waidmühle befand sich ein von Zugtieren gedrehtes Mühlrad. Es entstand eine breiartige Masse, die Frauen und Kinder zu faustgroßen Bällen formten. Zwei bis drei Tage lang wurden die Kugeln getrocknet und dann auf dem Markt verkauft oder weiterverarbeitet.

Désirée Edelbluth weiß, woher die Redewendung „Blaumachen" kommt.

Und nun kommen das *Blaumachen* und auch das *Blausein* ins Spiel: Für die Weiterverarbeitung reichte es keineswegs, die getrocknete Pflanze mit dem zu färbenden Stoff ins Wasser zu legen – denn der Farbstoff ist nicht wasserlöslich. Um einen blauen Stoff zu erhalten, brauchte es noch weitere Zutaten: Sonne, Alkohol und Zeit. Klingt recht idyllisch und ein wenig nach Urlaub – aber nun wird es unappetitlich: Urin war auch nötig. Und zwar am besten der Urin von Betrunkenen. „Der genaue chemische Ablauf war im Mittelalter nicht bekannt, aber man wusste, dass man für die Gärung Sonne

braucht und dass man mehr Farbstoff gewinnt, wenn man Alkohol zugibt", sagt Désirée Edelbluth. „Allerdings kippte man den Alkohol nicht direkt in die Brühe, das hätte die Waidfarbe verteuert. Der Alkohol wurde über einen Umweg zugeführt: In den alten Rezepten ist vermerkt, dass die Farbe besonders gut wird mit dem Urin von

Männern, die viel Alkohol getrunken haben." Dieser spezielle Urin sei oft durch den Alkoholkonsum der Färber selbst gewonnen worden. Es gibt auch Quellen, die davon berichten, dass man den Urin der Männer vor Gaststätten gesammelt habe.

Blau waren die Stoffe in ihrem Bottich aber immer noch nicht. „Zu diesem Zeitpunkt des Prozesses hatten sie nur die unappetitliche Farbe der Brühe." Die blaue Farbe, erzählt die Kosmetikerin, entstand erst, wenn die Stoffe nach dem Färbevorgang im Sonnenlicht hingen und die Sauerstoffzufuhr einen Oxidationsprozess in Gang setzte. Schmunzelnd fügt sie hinzu: „Abgesehen vom Gestank war Blaufärben eine angenehme Tätigkeit. Die Färber arbeiteten bei schönem Wetter im Freien, und es gab reichlich zu trinken." Sie lagen also in der Sonne, wo sie darauf warteten, dass diese ihren Dienst verrichtete. Sie waren blau und machten blau.

„Bevor es synthetische Farbstoffe gab, färbte man Stoffe, die blau werden sollten, mit Färberwaid."

Ende des 17. oder Anfang des 18. Jahrhunderts gelang es, die Indigopflanze, die bereits in vorchristlicher Zeit in Indien, Ostasien und Ägypten vorkam und deren Farbgehalt viel intensiver war als der der Waidpflanze, zu importieren. „Die Waidbauern verloren ihre Existenz", sagt Désirée Edelbluth. „Der Siegeszug des Indigo, des indischen Farbstoffes, der sogenannten Teufelsfarbe, begann und Indigo wurde zum König der Farben." Rund 200 Jahre lang blieb dieser König auf seinem Thron, dann wurde er vom Fortschritt gestürzt. Denn Ende des 19. Jahrhunderts glückte es dem Chemiker Adolf von Baeyer (1835-1917), Indigo chemisch herzustellen.

Die schöne Zeit der natürlichen Indigofärberei war vorüber. Und damit auch die Zeit des Blaumachens von Berufs wegen. Bei den meisten Menschen, die heute blaumachen, erledigt sich die Arbeit in dieser Zeit nicht von allein. Schade eigentlich.

Eva-Maria Bast

Blauäugig sein

Eigentlich ist es unfair gegenüber Menschen mit blauen Augen, dass man *blauäugig sein* mit Naivität gleichsetzt. Lutz Röhrich schreibt dazu in seinem Standartwerk „Lexikon der sprichwörtlichen Redensarten: *Blauäugig sein*: naiv, unerfahren, harmlos, gutgläubig, unkritisch sein." Doch nun, liebe Blauäugigen, wird es besser. Röhrich schreibt auch, dass die Farbe Blau als Augenfarbe ein Sinnbild der Treue, der Durchsichtigkeit und der Unverstelltheit sei. „Blaue Augen gelten als Brunnen der Klarheit, als erfrischende Quelle, die Labung verspricht." Er zitiert ein von Klaus Groth verfasstes und von Johannes Brahms vertontes Gedicht: „Dein Blaues Auge hält so still / Ich blicke bis zum Grund / Du fragst mich, was ich sehen will? / Ich sehe mich gesund."

Der Regensburger Oberbürgermeister Joachim Wolbergs wirft, wie einst die Vertreter der Fürsten, Geld zum Fenster raus. Aber: Es sind Schokotaler.

42

Geld zum Fenster rauswerfen

Zähe Sitzungen des Mittelalters

Gute Nachrichten für all jene, die gerne *Geld aus dem Fenster werfen* oder *etwas auf die lange Bank schieben*: Wer das tut, kann sich auf eine historische Tradition aus Regensburg berufen. Denn beide Redewendungen sind wohl im Alten Rathaus geprägt worden, als der Immerwährende Reichstag (1663-1806) stattfand.

Doch der Reihe nach: Der Immerwährende Reichstag hat seinen Ursprung tief im Mittelalter. „Die deutschen Kaiser haben bei Besuchen in Regensburg und auch in anderen Städten immer wieder Reichstage abgehalten, auf denen die politischen Probleme besprochen wurden", erzählt der Regensburger Oberbürgermeister Joachim Wolbergs. Und fährt fort: „Ab 1594 fanden diese Reichstage ausschließlich in Regensburg statt. Und ab 1663 wurde der Reichstag nicht mehr aufgelöst, weshalb er dann den Namen Immerwährender Reichstag bekam." Ganze 143 Jahre dauerte er, bis er mit den Umwälzungen in Deutschland in der Zeit Napoleons zu Ende ging.

Die Aufgaben des Reichstags waren vielfältig und umfangreich. Und so kommt die *lange Bank* ins Spiel: „Die Kollegien, aus denen sich der Reichstag zusammensetzte, berieten in ihren jeweiligen Zimmern", erzählt Wolbergs. „Das zahlenmäßig größte Kollegium war das der Fürsten. Wenn dort beraten wurde, dauerte das entsprechend lange. Und im Beratungszimmer der Fürsten saßen die Gesandten auf langen Bänken. Die Sache wurde also buchstäblich *auf die lange Bank geschoben.*" Wobei die Redewendung von der langen Bank ganz gut auch auf die gesamte Geschichte des Immerwährenden Reichstags passt: Man wollte nämlich keineswegs immerwährend tagen, als man am 20. Januar 1663 zusammenkam. Doch der Themen waren so viele und ihre Inhalte wurden so kontrovers diskutiert, dass Jahr um Jahr verging. Vergebens mahnte der Kaiser nach etwa zwei Jahren zu größerer Eile. Im fünften Jahr war es dann umgekehrt, da baten die Stände den Kaiser, einen Schlusstermin für die lang andauernde Sitzung zu nennen. Den setzte er auch fest – für das sechste Jahr. Doch als dieses nahte, verschob sich der Termin erneut – es gab einfach zu viel zu besprechen und zu viele Beschlüsse zu fassen.

Die langen Bänke im Reichstag zu Regensburg, auf die gern einmal etwas geschoben wurde.

Joachim Wolbergs ist beeindruckt von der Leistung des Immerwährenden Reichstags: „So lange der Immerwährende Reichstag tagte, also fast 150 Jahre lang, sicherte dieser quasi den Frieden in Europa. Schließlich konnte ohne einen Reichstagsbeschluss kein Reichskrieg erklärt werden." Man habe die föderalen Strukturen gestärkt und sich um innerpolitische Reformen bemüht. Und noch etwas fasziniert das Stadtoberhaupt: „Die Kontrollfunktion, die die Stände gegenüber dem Kaiser hatten, war im Prinzip der Beginn der Gewaltenteilung." Auch die gegenseitige Toleranz wurde durch den beständigen Austausch unter den Fürsten gefördert. Superintendent Dr. Jakob Christian Gottlieb Schäffer schrieb 1787: „Wir leben und weben auf das freundschaftlichste Miteinander. Dieser ungezwungene, gesellige und abwechselnde Umgang macht auch, dass Fremde, die von großen volkreichen Städten kommen, nach und nach Regensburg so lieb gewinnen, dass sie es ungerne wieder verlassen und selbst oft ihrem Geburtsorte vorziehen."

Und wann *warf* man *Geld zum Fenster raus*? „Nicht ständig", lacht Wolbergs. „Bei fürstlichen Geburtstagen zum Beispiel ließen die Gesandten der Jubilare vom Erker aus Geldstücke auf das versammelte Volk regnen." Damit, sagt der Oberbürgermeister, wollten die Fürsten ihre Großzügigkeit zur Schau stellen.

Joachim Wolbergs bemüht sich, keine Angelegenheit *auf die lange Bank zu schieben. Geld zum Fenster rausgeworfen* hat er allerdings schon mal, und zwar für diesen Fototermin. Dabei warf er jedoch nur Schokotaler aus dem Fenster des Reichssaals auf den Rathausplatz.

Eva-Maria Bast

Der grüne Tisch

Es gibt noch eine Redewendung, die auf den Immerwährenden Reichstag zurückgeht: *Etwas am grünen Tisch entscheiden.* „Wenn das Abstimmungsergebnis der Reichsstände nicht klar war, kam man an einem Tisch zusammen, auf dem ein grünes Tuch lag", erklärt der Regensburger Oberbürgermeister Joachim Wolbergs. „Hier versuchte man, einen Kompromiss zu finden."

43

Sich etwas hinter die Ohren schreiben

Weil Schmerzen beim Erinnern helfen

E s ergibt nicht wirklich einen Sinn, *sich etwas hinter die Ohren zu schreiben*. Erstens ist diese Form des Notierens kompliziert. Und zweitens kann man die Schrift selbst höchstens mit Hilfe eines Spiegels lesen. Deswegen ist schnell klar, dass sich diese Redewendung mit großer Wahrscheinlichkeit nicht auf das Schreiben mit einem Stift bezieht. Aber warum sagen wir dann *Schreib dir das gefälligst hinter die Ohren*, wenn wir jemanden dafür rügen, dass er sich wichtige Dinge nicht merken kann?

„Im Mittelalter konnten die meisten Menschen weder lesen noch schreiben. Aber trotzdem musste ja vieles geregelt werden, zum Beispiel die Grenzen zwischen Grundstücken oder Äckern", beginnt die Freiburger Historikerin Sybille Kleinschmitt, das Rätsel zu lösen. Weil ihnen schriftliche Verträge nicht zur Verfügung standen, wählten die Vertragspartner stattdessen die mündliche Absprache. Dabei waren immer Zeugen zugegen, die später bei Rechtsstreitigkeiten oder Zweifelsfällen Auskunft darüber geben konnten, was sie gehört und gesehen hatten oder eben auch nicht. Gerade bei Grundstücksfragen war ihre Aussage von großer Bedeutung.

„Deswegen mussten sich die Zeugen bei Vertragsabschluss unbedingt merken, wo die Grenzen verliefen oder wo der Grenzstein gesetzt wurde. Und damit sie es sich für immer einprägten, wurden sie an Ort und Stelle fest an den Ohren gezogen oder bekamen eine schallende Ohrfeige", erklärt die Freiburgerin das Prozedere. „Man ging davon aus, dass sich Menschen etwas besser merken können, wenn es mit Schmerz verbunden war. So schrieb man ihnen die Information im übertragenen Sinne hinter die Ohren." Der lateini-

---

Sybille Kleinschmitt versucht, sich mit einem Stift etwas hinter die Ohren zu schreiben. Es gelingt ihr aber nicht recht.

sche Begriff für diese so traktierten Menschen lautete „testes per auri tracti": an den Ohren gezogene Zeugen.

Weil sich nicht jeder ohrfeigen lassen wollte, waren es meist niedriggestellte Bürger, Knechte oder Kinder, die gezwungen wurde, dafür als Zeugen herzuhalten. Bei Kindern hatte das den Vorteil, dass sie noch viele Jahre Zeugnis darüber ablegen konnten, was beschlossen worden war, und dieses Wissen im Alter auch an die nächste Generation weitergeben konnten. Es ist noch gar nicht so lange her, dass Bauern beispielsweise in Deutschland kleine Jungen zur jährlichen Feldbegehung mitnahmen und ihnen an wichtigen Punkten

„Man ging davon aus, dass sich Menschen etwas besser merken können, wenn es mit Schmerz verbunden war."

Ohrfeigen verpassten. Für Bayern ist diese Vorgehensweise noch fürs 18. Jahrhundert überliefert, für Schwaben sogar fürs 19. Jahrhundert. Kein Wunder: Um die Jahrhundertwende waren immer noch 50 Prozent der Gesamtbevölkerung Analphabeten, vor allem auf dem Land. Ohne das Ritual des *Hinter-die-Ohren schreibens* hätten sie selbst vor 200 Jahren noch keine Verträge über Grundstücksgrenzen schließen können.

Heike Thissen

Aderlass hinter den Ohren

Lutz Röhrich führt in seinem Standardwerk „Lexikon der sprichwörtlichen Redensarten" eine weitere Erklärung auf, warum man viele Jahrhunderte lang seinen Mitmenschen etwas hinter die Ohren schrieb. Er verweist auf einen Text des Juristen und Philosophen Christian Thomasius (1655-1728) aus dem Jahr 1690, der erklärt, dass der Aderlass hinter den Ohren bei beiden Geschlechtern zu Unfruchtbarkeit führe. Wer so seiner Ehre beraubt worden sei, werde es Zeit seines Lebens nicht mehr vergessen.

Jürgen Amann steht nicht etwa mit 914 Gläsern Bier beim Wirt in der Kreide. Heute werden auf den Schiefertafeln im Gasthaus Daniel lediglich die Tischnummern notiert.

44

In der Kreide stehen

Wie Schuldner an ihre Pflicht erinnert wurden

Wie kann man eigentlich bei jemandem *in der Kreide stehen*? Diese oft gebrauchte Redewendung besagt ja, dass eine Person einer anderen etwas schuldet. In den meisten Fällen geht es dabei um Geld. Jürgen Amann, Tourismuschef in Ingolstadt, kann im Gasthaus Daniel in der Donaustadt anschaulich erklären, was es mit dem Ausspruch auf sich hat.

„In der Garnisonsstadt standen vor allem die hier stationierten Soldaten bei den Wirten in der Kreide. Sie haben nur an bestimmten Tagen im Monat ihren Sold erhalten, weswegen das Geld vor allem bei häufigem Bierkonsum oft nicht bis zur nächsten Auszahlung reichte." Sie konnten folglich nicht bezahlen und mussten anschreiben lassen. „Und das tat der Wirt mit weißer Kreide auf einer schwarzen Schiefertafel", fährt der Ingolstädter fort. Danach *standen* die Zecher beim Wirt wortwörtlich *in der Kreide*. So war für jeden Gast auf einen Blick erkennbar, wer sich mit seiner Trinkerei verschuldet hatte. Und auf der Tafel stand auch gut und für jedermann sichtbar, wie lange er schon auf Kosten des Wirtes trank. „Das hat den Druck bei den Soldaten bestimmt erhöht, mit dem nächsten Sold die Zeche zu bezahlen. Zu lange in der Kreide zu stehen, hätte gar kein gutes Licht auf sie geworfen", überlegt Amann. Natürlich konnten nicht nur Armeeangehörige auf diese Art anschreiben lassen, sondern alle Gäste, die dem Wirt einigermaßen vertrauenswürdig erschienen.

„Bei denen, die regelmäßig ein Bier oder mehr tranken, reichte das Geld oft nicht bis zur nächsten Auszahlung."

Er hätte die Sache auch dezenter handhaben können. Ein Papierzettel in der Schublade mit dem Namen des Schluckspechts und dem aktuellen Schuldenstand hätte es schließlich auch getan. Doch Papier war im Mittelalter viel zu teuer, um einmal verwendet und dann weggeschmissen zu werden.

Die Wirte waren aber nicht die einzigen, die ihre Schuldner öffentlich machten und so den Überblick über ausstehende Zahlungen bewahrten. Auch Krämer oder Marktleute und andere Händler behalfen sich so, wenn ihre Kunden nicht sofort zahlen konnten oder wollten.

Eng mit dieser Redewendung verbunden ist eine andere sehr bekannte, sagt Jürgen Amann: „Wenn die Soldaten endlich mit ihrem frisch ausgezahlten Sold in die Wirtschaft kamen und ihre Schulden beglichen, löschte der Wirt ihren Namen und die Geldsumme von der Tafel. Er ging mit dem Schwamm drüber." Deswegen sagen wir noch heute *Schwamm drüber*, wenn wir ausdrücken wollen, dass eine unangenehme Angelegenheit vergessen und verziehen ist und wir nicht mehr über sie sprechen möchten. Für die Zecher unter den Ingolstädter Soldaten und alle anderen Trinker, die bei einem Wirt in der Kreide standen, waren die beiden Worte *Schwamm drüber* vermutlich Musik in ihren Ohren. Denn jetzt konnten sie völlig unbehelligt ihrem Bierkonsum frönen – so lange, bis der Sold wieder einmal verzecht war.

Heike Thissen

Goethe und der Schwamm

Es war Johann Wolfgang von Goethe (1749-1832), der die *Schwamm drüber* als erstes in der Literatur verwendete. In seiner Farbenlehre von 1810 kritisiert er an einem Philosophen, „mit dem Schwamm über alles hinzufahren, was bisher auf die Tafel der Menschheit verzeichnet worden war". Wirklich populär wurde der Ausspruch aber erst mit der Operette „Der Bettelstudent" von Karl Millöcker (1842-1899). Da singt Oberst Ollendorf im dritten Akt: „Seit ich als Feldherr tätig, / Ist mir der Kriegsgott gnädig; / Seit mehr als zwanzig Jahren / Treib' ich den Feind zu Paaren. / Nur manchmal, wenn die Feigen / Mir ihre Zähne zeigen, / Dann krieg' ich Nasenstüber, / Schwamm drüber!"

45

Jemandem etwas eintrichtern

Wenn Lernen wirklich so einfach wäre

Wie wäre es, wenn sich Fremdsprachen in wenigen Stunden perfekt erlernen ließen? Wenn wir ganze Lexika mühelos im Kopf abspeichern und Jahreszahlen ohne Probleme erinnern könnten? Und hierfür nur einen Trichter bräuchten, den wir uns auf den Kopf setzen und in den wir das gewünschte Wissen einfach eingießen? Es wäre großartig! Doch so lange die Menschen auch schon nach diesem wundersamen Instrument suchen: Gefunden hat es bis heute niemand.

Das bedauert auch die Nürnbergerin Karola Gärtner. Doch im Gegensatz zu vielen anderen weiß die Stadtführerin, was es mit diesem Bild des Nürnberger Trichters auf sich hat und wie es entstanden ist. „Zu Beginn des 17. Jahrhunderts fand sich in Nürnberg eine literarische Gesellschaft zusammen, die sich Pegnesischer Blumenorden nannte. Pegnesisch war der latinisierte Name der Pegnitz. Blumenorden kam daher, dass sich jedes Mitglied den Namen einer Pflanze als Pseudonym wählen durfte", sagt sie.

Tatsächlich fanden die ersten Treffen der Gesellschaft auf der heutigen Hallerwiese am Ufer des Flusses statt. Eines der Gründungsmitglieder des Pegnesischen Blumenordens war der Nürnberger Barockdichter Georg Philipp Harsdörffer (1607-1658). „Er war ein fleißiger Poet und hat in seinem Leben mehr als 20.000 Buchseiten veröffentlicht. Dazu gehörte im Jahr 1647 auch ein vierbändiges Lehrbuch über das Dichten", führt Karola Gärtner aus. *Poetischer Trichter, die Teutsche Dicht- und Reimkunst ohne behuf der lateinischen Sprache in VI Stunden einzugießen* nannte Harsdörffer sein Werk. „Er hatte die Schrift auf Deutsch verfasst, damit sie nicht nur der belesenen Oberschicht offen stand, sondern auch weniger gebil-

Karola Gärtner demonstriert in der Nürnberger Innenstadt augenzwinkernd, wie das mit dem Eintrichtern funktionieren sollte. Leider ist bis heute niemand bekannt, bei dem es funktioniert hätte.

deten Mitbürgern", erklärt die Nürnberg-Kennerin. Mit seinem Werk, so hoffte der Dichter, würde er ihnen die Grundlagen der Poesie und der hohen Dichtkunst vermitteln. Das passte gut zu den für seine Zeit fortschrittlichen Zielen des Pegnesischen Blumenordens. Immerhin nahm dieser Frauen in seine Reihen auf und widmete sich auch dem Schutz der Muttersprache und der Spracherziehung. Mit der im Barock des 17. Jahrhunderts vorherrschenden lateinischen Dichtkunst war das natürlich nicht möglich, weswegen sich Harsdörffer für die deutsche Sprache entschied. Ein Revolutionär für seine Zeit!

„Die Leser waren so begeistert, dass sich das Buch schnell verbreitete. Und weil wir Nürnberger für unsere Gewitztheit bekannt sind, etablierte sich schon bald der feststehende Ausdruck des Nürnberger Trichters", spinnt Karola Gärtner den roten Faden weiter. „Damals schwang dabei nichts Abwertendes mit. Der Autor wollte lediglich verdeutlichen, dass man Poesie lehren und lernen konnte." Harsdörffer verwendete den Trichter als Symbol für den sorgsamen Umgang mit Zeit: So, wie Winzer ihren neuen Wein nicht vergeuden wollten und ihn deshalb mit Hilfe eines Trichters in Flaschen und Fässer abfüllten, sollte, wer die Dichtkunst effektiv erlernen wollte, sein Werk zur Hand nehmen. Denn Dichten, davon war er überzeugt, konnte man bei sachgemäßer Anleitung lernen. Alles andere sei vergeudete Zeit.

„Weil wir Nürnberger für unsere Gewitztheit bekannt sind, etablierte sich schon bald der feststehende Ausdruck des Nürnberger Trichters."

Erst im Laufe des 18. Jahrhunderts brachten die Menschen den Nürnberger Trichter mit der Redewendung des Eintrichterns in Verbindung, die es schon vor Harsdörffer und seinem Poesielehrbuch gegeben hatte. „Erst dumm und blöde, dann schlau wie Goethe. Das hat vollbracht des Trichters Macht", war einer von vielen beliebten Sprüchen zum Thema. Ein anderer lautete „Fehlt dir's an Weisheit in manchen Dingen, lass dir von Nürnberg den Trichter bringen". Die Bedeutung hatte sich dahingehend gewandelt, dass sich selbst einfältigen und ignoranten Menschen Wissen mühelos eintrichtern ließe, ohne dass sie selbst etwas dafür tun müssten.

Ob die Sache mit dem Trichter tatsächlich funktioniert? Karola Gärtner hat es mit ihren Kindern versucht, wie sie schmunzelnd gesteht: „Wenn es in der Schule ans Rechnen und an die Fremdsprachen ging, hat jedes meiner Kinder einen kleinen Trichter geschenkt bekommen. Natürlich wussten sie, dass das nicht ganz ernst gemeint war. Aber meine jüngste Tochter hat einmal steif und fest behauptet, er hätte etwas genützt." Einen Versuch ist es allemal wert.

Heike Thissen

Nürnberg und der Trichter

Schon vor Georg Philipp Harsdörffer wurde der Trichter aus Metall mit Nürnberg in Verbindung gebracht. Als der Handel der ehemals reichen Kaufleute an der Pegnitz nach dem Dreißigjährigen Krieg stark zurückging, verkauften diese fast ausschließlich nur noch Kleinwaren aus Metall – darunter natürlich auch Trichter.

46

Süßholz raspeln

Für die angenehmen Seiten des Lebens

Wer im Mittelalter *Süßholz raspelte*, nahm die Wurzel der Pflanze und schabte mit dem Messer kleine Stücke von ihr ab. Wer heute *Süßholz raspelt*, schmeichelt einer anderen Person oder macht ihr übertriebene Komplimente. „Beides hat mit Süße zu tun: das eine mit der Süße der Pflanze, das andere mit der Süße der Worte", erklärt Christine Freise-Wonka, in deren Heimatstadt Bamberg die Süßholzstaude viele Jahrhunderte lang eine große Rolle spielte.

„Hier bei uns befand sich im Mittelalter das europäische Zentrum der Süßholzproduktion", sagt die Stadtführerin. So wichtig war der Industriezweig für die Stadt, dass die Pflanze noch im 16. Jahrhundert im Wappen und in Stadtplänen auftauchte. Das mannshohe Gewächs fand im Bamberger Boden alles, was es zum Überleben brauchte und gedieh hervorragend, vor allem trieb es lange Wurzeln. Und genau darum ging es, weiß Christine Freise-Wonka: „Vom Süßholz wurden ausschließlich die Wurzeln verwendet." Die Bamberger Gärtner produzierten große Mengen und exportierten sie nach ganz Deutschland und Europa.

Vor allem als Medizinpflanze kam die Süßholzwurzel zum Einsatz. Das Wissen um ihre Heilkraft war schon im Mittelalter Jahrtausende alt. Unter anderem bei Husten und Atemwegsbeschwerden wurde die geraspelte Wurzel mit kochendem Wasser übergossen und ergab einen Tee, dem man entzündungshemmende,

> *„Die Menschen empfanden es als besonders angenehm, wenn sie die geraspelte Süßholzwurzel kauten."*

schleimlösende und antibakterielle Wirkung nachsagte. „Außerdem verspürten die Menschen damals einen ständigen Süßhunger. Sie hatten ja keinen Zucker, und auch sonst gab es kaum etwas Süßes. Also

---

Christine Freise-Wonka hat das Süßholz in ihrer rechten Hand nicht selbst geraspelt. Trotzdem macht sie anderen Menschen gern Komplimente – aber nur ernst gemeinte.

empfanden sie es als besonders angenehm, wenn sie die Süßholzwurzel kauten", erklärt die Bambergerin auf dem Markt in der Innenstadt und riecht an einer Handvoll der kleinen Holzstückchen. Das mit dem Angenehmen, Süßen sei der Grund dafür, dass die Redewendung überhaupt entstanden sei: Wer *Süßholz raspelt*, sorgt mit Worten dafür, dass sich das Gegenüber geschmeichelt und wohl fühlt. Gleichen Ursprungs sei der Ausdruck *Jemandem Honig ums Maul schmieren*. „Heute verwenden wir ihn, wenn wir durch übertriebene Komplimente etwas erreichen wollen", führt Christine Freise-Wonka weiter aus.

Im Bamberger Gärtner- und Häckermuseum wird heute in Erinnerung an die alte Tradition wieder Süßholz angebaut.

Doch die Wurzelstücke kamen auch noch anderweitig zum Einsatz. „Aus den zuckerhaltigen Raspeln wurde außerdem ein Sirup gekocht, der sich beim Eindicken in eine klebrige schwarze Masse verwandelte." Weil Süßholz auf lateinisch Glykyrhiza heißt, hätten die Menschen die Bezeichnung in „leckeritz" und wenig später in „lacritz" eingedeutscht. Die heutige Bezeichnung dafür lautet: Lakritz.

Mit dem Bamberger Erfolgsprodukt des Süßholzes war es jedoch vorbei, als ab 1500 nach und nach Rohrzucker von den Plantagen auf den westindischen Inseln nach Europa importiert wurde. Während das einfache Volk zunächst weiter auf Süßholzwurzeln kaute, entdeckten die Reichen das sogenannte weiße Gold als begehrtes Luxusgut. Das blieb es auch, bis Mitte des 18. Jahrhunderts der Berliner Chemiker Andreas Sigismund Marggraf (1709-1782) den hohen Zuckergehalt der Zuckerrübe entdeckte. Als ab 1801 Zucker industriell hergestellt werden konnte, ging es in Bamberg mit der Süßholzwurzel bergab. Plötzlich hatten die Menschen Zugang zum weißen Gold und konnten es kaufen, wann immer sie wollten. Sie konnten ihre Lust auf Süßes anders stillen als mit dem Kauen von trockenen Wurzelspänen. „Ende des 19. Jahrhunderts ging der Bedarf an Süßholz so stark zurück, dass der Anbau in Bamberg nach und nach völlig zum Erliegen kam", fasst Freise-Wonka zusammen.

Jahrhundertelang raspelten die Menschen nur noch mit Worten Süßholz, nicht mehr mit Taten. Erst mit der Landesgartenschau 2012 kehrte die Pflanze wieder nach Bamberg zurück. „Jetzt bauen Gärtner sie wieder in kleinem Umfang an, und man kann einheimische Produkte beim Gewürzstand auf dem Wochenmarkt in der Stadt kaufen", schließt Christine Freise-Wonka die Geschichte der Süßholzwurzel in Bamberg. Das Süßholzraspeln überlässt sie gerne den Gärtnern, die diese Kunst ganz hervorragend beherrschen. Sie selbst kauft das fertige Produkt und brüht es als Tee auf, wenn sie Husten hat.

Heike Thissen

Süßholz-Likör

Wer Süßholz nicht geraspelt kauen will, hat viele andere Möglichkeiten, es zu verwenden. So lässt sich aus den Wurzeln der Pflanze beispielsweise schnell und einfach ein bekömmlicher Likör zubereiten. Hierzu mischt man 25 Gramm Kümmel, 5 Gramm Anis, 8 Gramm Süßholzwurzel und 125 Gramm Zucker oder Kandis mit 700 Milliliter Schnaps (z. B. Korn) in einem geschlossenen Gefäß und lässt das Ganze sechs Wochen ziehen. Danach abseien, abfüllen und nach dem Essen genießen.

47

Die Klappe halten
Wenn die Mönche nicht mehr konnten

Diesen peinlichen Moment haben viele schon erlebt: Man vergisst, sein Handy auszuschalten, und genau in dem Moment, in dem im Theatersaal atemlose Stille herrscht, beginnt es zu klingeln. Hunderte Köpfe drehen sich empört zu dem Vergesslichen um, doppelt so viele Augen mustern ihn vorwurfsvoll.

Ganz ähnlich müssen sich im Mittelalter die Mönche gefühlt haben, wenn sie *die Klappe nicht hielten*. Die Redewendung, die heute eher zu den unhöflichen zählt, geht in der Tat auf die Geistlichen zurück. „Der Ausspruch kommt aus dem Mittelalter und hängt mit dem Chorgestühl zusammen", bekräftigt die ehemalige niedersächsische Justizministerin Heidi Merk. Chorgestühle, erläutert die Politikerin, waren früher mit Klappsitzen ausgestattet, an deren Unterseiten sich sogenannte Misericordien befanden. Das sind kleine Stützbretter, die es den Mönchen erlaubten, auch im Stehen eine halbsitzende Haltung einzunehmen. Vor allem ältere und geschwächte Geistliche sollte das entlasten. „Wenn sie auf diesen Stühlen saßen, war die Sitzfläche nicht ganz hochgeklappt, sie wurde vom Körpergewicht leicht nach vorne gezogen, sodass vielleicht zehn Zentimeter bis zur Lehne fehlten", erklärt Heidi Merk. Manch ein Mönch sei bei allzu langen und anstrengenden Predigten schon mal eingenickt. „Und dabei

> *„Der Ausspruch kommt aus dem Mittelalter und hängt mit dem Chorgestühl zusammen."*

konnte es passieren, dass er von dem Brettchen herunterrutschte und der Klappsitz mit einem lauten Knall an die Lehne flog", erzählt sie. „Um diesen peinlichen Moment zu verhindern, musste er die Klappe unbedingt halten."

In hochgeklapptem Zustand boten die Chorgestühle den Mönchen die Möglichkeit, eine halbsitzende Haltung einzunehmen.

Heidi Merk hält die Klappe eines Chorgestühls.

Eine weitere mögliche Erklärung für die Entstehung der Redewendung geht ebenfalls auf das Chorgestühl zurück: Im Verlauf der Messe mussten sich die Mönche häufig von ihren Sitzen erheben. Wenn sie dann die Klappe nicht festhielten oder vorsichtig genug aufstanden, passierte das gleiche, was Heidi Merk beschreibt: Das Holzstück flog mit einem lauten Knall an die Lehne – ein Geräusch, das in der ganzen Kirche widerhallte. Peinlich waren auf jeden Fall beide Varianten!

Hölzerne Chorgestühle – ihre Vorgänger waren übrigens aus Stein – gibt es schon seit dem Frühmittelalter. Klappsitze hatten diese ersten Modelle allerdings noch nicht.

Die Misericordien, auf denen die Mönche eine halbsitzende Stellung einnehmen konnten, werden erstmals Ende des 11. Jahrhunderts erwähnt und zwar in der „Consuetudines Hirsaugienses", der Ordensregel der Benediktiner in Hirsau im Schwarzwald. Logischerweise müssen die Stühle dann auch Klappstühle gewesen sein. Die Chorgestühle waren meistens mit reichhaltigen Schnitzereien verziert. Allerdings erlaubte die Stelle, an der sich die Schnitzereien befanden, keine wirklich biblischen Darstellungen, denn der Allerwerteste des Mönchs befand sich ja in unmittelbarer Nähe. Man wählte daher eher profane, manchmal gar obszöne Abbildungen für diese Bereiche des Chorgestühls. Die Bildschnitzer durften ihrer Fantasie oft freien Lauf lassen. In der Marienkirche zu Dortmund findet sich in den Misericordien zum Beispiel die Darstellung eines betrunkenen Mönchs. Er liegt auf dem Rücken und hält ein riesiges Fass. Auch Narren, Fabelwesen und Monster tummeln sich gern in den Misericordien.

Aber pssst: Wenn man sie entdeckt, besser die Klappe halten! Es handelt sich um echte Geheimtipps!

Eva-Maria Bast

Misericordien

Das Wort leitet sich von dem lateinischen Begriff „misericordia" ab. Das bedeutet Barmherzigkeit. Denn die Misericordien sollten die Mönche bei den langen Predigten ja barmherzig unterstützen, wenn die Körperkräfte schwanden. Ein kleiner Tipp am Rande: Mal eine Misericordien-Deutschland-Tour unternehmen. Es gibt bestimmt viel zu entdecken!

48

Ins Fettnäpfchen treten

Über Schinkenfett zu Schuhwichse

Sie stehen überall herum und sind sehr gefürchtet – doch man sieht sie nicht, was die Gefahr, in sie hineinzutreten, steigen lässt. Manche Menschen warnen vor ihnen, manche lassen andere auch ganz absichtlich hineintreten. Die Rede ist von den sprichwörtlichen *Fettnäpfchen* – ganz gemeine Dinger. Besonders viele pflegen um künftige Schwiegereltern herumzustehen, wenn man selbigen das erste Mal begegnet. Wobei der künftige Gatte oder die künftige Gattin die Position der unsichtbaren *Fettnäpfchen* zuvor hoffentlich genau beschrieben hat, sodass man sich geschickt um sie herumbewegen kann.

Früher gab es diese Näpfe wirklich – und nicht nur sprichwörtlich. In sie tatsächlich hineinzutreten, war indes so unangenehm wie heute im übertragenen Sinne: „Speck, Schinken und Fisch wurden in den Bauernhäusern über den Öfen geräuchert, um die Lebensmittel haltbar zu machen", erzählt der Hamburger Sprachkenner Marc Müller. „Das heißt, sie hingen lange Zeit über dem Ofen. Und durch diese Hitze lief das Fett aus den Lebensmitteln heraus." Wegen seines Wertes sollte es nicht einfach auf den Boden tropfen. Deshalb stellte man einen Napf darunter, mit dem das Fett aufgefangen wurde. Teilweise wurde der Behälter später mit dem flüssigen Fett in die Nähe der Haustür gestellt, um die Schuhe damit zum Schutz vor Nässe einzureiben. Wer unvorsichtig ins Haus stürmte, konnte das Näpfchen dabei schonmal umstoßen – und zog sich den Unwillen der Hausfrau zu, denn zum einen verursachte ein umgestoßenes Fettnäpfchen eine ziemliche Sauerei, zum anderen

> *„Lebensmittel hingen lange Zeit zum Räuchern über dem Ofen. Durch diese Hitze lief das Fett aus ihnen heraus."*

Ups! Da ist Marc Müller doch tatsächlich ins Fettnäpfchen getreten.

war Fett kostbar: Es diente zum Kochen, aber auch als Brennmittel für Lampen. „Und wenn ein fremder Gast ins Haus kam und nicht wusste, wo die Fettnäpfchen deponiert waren, konnte es durchaus passieren, dass er in eines hineintrat und dabei mit seinen Füßen Fettspuren auf dem Boden hinterließ." Bei der Hausfrau kam das sicherlich ganz und gar nicht gut an. Schon die Brüder Grimm würdigten das Fettnäpfchen in ihrem Deutschen Wörterbuch von 1862: „es heiszt: damit wirst du ihm schön ins fettnäpfchen treten, damit wirst du es bei ihm verschütten".

Eva-Maria Bast

....

Sein Fett abbekommen

Es gibt noch eine weitere Redewendung zum Thema Fett: *Sein Fett abbekommen*. Das bedeutet, dass jemand eine Strafe erhält, die er verdient hat. Zur Entstehung: Früher wurde ein geschlachtetes Vieh innerhalb der Familie aufgeteilt. Dabei gab es sowohl Fleisch als auch Fett zu verteilen, wobei Letzteres unbeliebter war. Wer Fett statt Fleisch bekam, war also schlechter gestellt, *bekam sein Fett ab*. Lutz Röhrich schreibt: „Bei Hausschlachtungen verteilte früher der Hausvater Fett und Fleisch an alle Familienmitglieder, jeder wurde *geschmiert*."

*Holzwege wurden angelegt, um besser an die
zu fällenden Bäume heranzukommen.*

Auf dem Holzweg sein

In der Literatur gern verwendet

49

Dörte Hansen, Friesin mit Leib und Seele, hat sich einer Sache besonders verschrieben: Dinge herauszufinden. Ereignisse zu recherchieren, tief in Akten und Unterlagen zu stöbern, um dann vielleicht auch eine These zu entwickeln, warum dieses oder jenes so oder auch anders gewesen sein mag. Manchmal war Dörte Hansen dabei allerdings *auf dem Holzweg*: Eine Spur, die sie verfolgte, erwies sich als falsch, ihre These bestätigte sich nicht. Ärgerliche, aber normale Momente für jeden, der den Dingen gern auf den Grund geht. Doch nicht nur Wissbegierige sind dann und wann *auf dem Holzweg*: Selbiger wurde schon von Millionen Menschen beschritten. Junge und Alte sind ihn gegangen, Frauen und Männer, Berufstätige und Arbeitslose. Frauen und Männer gingen ihn in der Annahme, ihrer großen Liebe entgegenzueilen, Geschäftsmänner- und Frauen rannten ihn fast entlang, weil sie an seinem Ende ein verheißungsvolles Geschäft wähnten. Auf sie alle wartete dort eine Enttäuschung. „Dabei ist der Holzweg in seinem eigentlichen Sinne etwas sehr Praktisches", erzählt die Friesin. „Holzwege legte man im Wald als Wirtschaftswege an, um die gefällten Bäume besser abtransportieren zu können. Sie hatten also nicht den Sinn, dass jemand, der auf ihnen spazieren geht, irgendwo ankommt. Sie dienten lediglich den Holzfällern dazu, die Strecken, auf denen sie arbeiten, zu erschließen." Dass daraus die Redewendung *Auf dem Holzweg sein* als Metapher für einen sinnlosen oder Irrweg entstand, ist nicht allzu verwunderlich: Schließlich führte er nirgendwo hin.

Dörte Hansen ist mitten in den Sylter Dünen auf dem Holzweg.

Deutschlands Dichter waren vom Holzweg ganz entzückt und verarbeiteten ihn gern und viel: Ulrich von Türheim (1195-1250) schrieb in seinem Tristan von 1243 in Vers 1393: „mît die rehten strâze unt ganc die holzwege hin." Will heißen: Er mied die ausgebaute Straße und ging über die Holzwege.

Konrad von Haslau nutzte die Redewendung in seiner wohl etwas später als „Tristan" verfassten (zweite Hälfte des 13. Jahrhunderts) Dichtung „Der Jüngling" als einen Weg, den der Protagonist einschlägt, statt den Pfad der Tugend zu betreten. Der Prediger Johann Geiler von Kaysersberg (1445–1510) bezeichnete den Holzweg 1495 ebenfalls als einen Irrweg, der von Gott fortführt: „man findt under tausent nicht einen, der dem rechten weg nachtrachtet, sonder sie gehn all dem holzweg nach und eilen heftig bisz sie zu der hellen kommen." Und nicht zuletzt kam bei Martin Luther (1483-1546) der Holzweg häufig in seinen Tischreden vor. Die Verwendung reichte hier von „Er wil ymer den holtz weg" über „Die Welt will doch der Wege keinen recht, sondern immerdar den Holzweg gehen", bis hin zu „Dasz aber ihr Fürsten zum Theil den Holzweg gehet."

> *„Dabei ist der Holzweg in seinem eigentlichen Sinne etwas sehr Praktisches."*

Und Wilhelm Busch (1832-1908) merkte schließlich an: „Er mußte erst mit dem Kopf gegen die Bäume rennen, ehe er merkte, daß er auf dem Holzweg war." Das passt auch zum Ursprung der Redewendung – denn das hätte denjenigen, die früher den echten Holzweg gingen, durchaus auch passieren können.

Eva-Maria Bast

Der ostpreußische Holzweg

Ein besonderer Holzweg führte durch Ostpreußen. Der Spruch *Jener geit den Holtweg, de andre den Soltweg* (Jener geht den Holzweg, der andere den Salzweg) sollte bedeuten, dass der eine auf einem erfolglosen, der andere auf einem erfolgreichen Weg unterwegs war. Denn Salzhändler waren bekanntlich meist außerordentlich gut betucht – weshalb Salz auch „Das weiße Gold" genannt wird.

50

Jemandem einen Korb geben

So wird man lästige Verehrer los

V iele Menschen vergeben im digitalen Zeitalter Körbe ausschließlich per SMS oder E-Mail. Einen Verehrer abblitzen zu lassen und Desinteresse zu bekunden, bedarf nicht viel mehr als ein paar getippter Zeilen und eines Klicks auf „Senden". Im Mittelalter war das ganz anders: Da wurde ein Korb in aller Öffentlichkeit vergeben und – wenn möglich – vor vielen Zuschauern.

Die Redewendung stammt aus einer Zeit, als sich Liebespaare vor der Hochzeit noch nicht regelmäßig treffen konnten und an gemeinsame Nächte erst recht nicht zu denken war. „Weil die jungen Frauen im Mittelalter aber gar nicht so keusch und zurückhaltend waren, wie wir uns das heute oft vorstellen, fanden sie Wege, wie der Mann heimlich und unbemerkt in ihre Kammer gelangen konnte", erklärt Karola Gärtner. Einer davon war offensichtlich, dem Galan in der Dunkelheit der Nacht einen großen Korb an einem Seil hinunterzulassen. Davon sprachen die Menschen schon in der Renaissance. Der Mann stieg ein und ließ sich von der Frau und ihren Helfern ins Schlafgemach hinaufziehen. „Man verbrachte dann die Nacht zusammen, und bevor das Tageslicht anbrach, seilte er sich wieder ab", sagt die Gästeführerin im Verein „Die Stadtführer e.V.". So lief es, solange sich die beiden gut

> *„Die jungen Frauen fanden Wege, wie der Mann heimlich und unbemerkt in ihre Kammer gelangen konnte."*

verstanden. Doch wenn das nicht mehr der Fall war, kam das *Jemandem einen Korb geben* zum Tragen. „Wenn sich der Mann etwas hatte zu Schulden kommen lassen, weil er zum Beispiel nur auf ihr Geld

Karola Gärtner gibt ihrem Kollegen Michael Krombacher einen Korb – natürlich nur symbolisch. Tatsächlich verstehen sich die beiden nämlich außerordentlich gut.

aus war oder er einer anderen bereits die Ehe versprochen hatte, dann hatte die Frau allen Grund, böse auf ihn zu sein. Wenn sie nett war, ließ sie künftig einfach den Korb nicht mehr hinunter. Wenn sie auf Rache sann, bot ihr dieser mehrere publikumswirksame Möglichkeiten", erzählt Karola Gärtner schmunzelnd.

„Wenn der Verehrer Glück hatte, brach der Boden schon nach einem, wenn er Pech hatte, erst nach fünf Metern."

Denn wenn nun der junge Mann das nächste Mal Einlass in die Kammer begehrte und die Frau den Korb zu ihm herabließ, sorgte sie dafür, dass der Boden gelockert war. Und schon nahm das Unheil für den Verehrer seinen Lauf. „Wenn er Glück hatte, brach der Boden schon nach einem, wenn er Pech hatte, erst nach fünf Metern. Und wenn er großes Pech hatte, brach der Boden gar nicht. Dann ließ ihn seine Angebetete einfach auf halbem Weg zu ihrem Fenster im Korb baumeln. So war er am nächsten Morgen dem Gespött der Leute ausgesetzt", beschreibt die Nürnbergerin. Dieserart verfuhren die Damen übrigens auch mit den Freiern, die ihnen lästig waren.

Die Sache mit dem Korb hielt sich viele Jahrhunderte, und er spielte beim Erteilen einer Abfuhr selbst dann noch eine große Rolle, als Männer schon längst das Treppenhaus und nicht den Korb-Aufzug benutzten, um ins Schlafgemach ihrer Angebeteten zu gelangen. Mädchen, die kein Interesse an einem Verehrer hatten, schickten diesem einen Korb nach Hause und gaben ihm im wahrsten Sinne des Wortes *einen Korb*. Wenn sie ganz sichergehen wollten, dass der Adressat den Wink auch verstand, war es einer mit Loch. „Spätestens dann wusste er Bescheid, dass er sich weitere Mühen sparen konnte", sagt Karola Gärtner.

Heike Thissen

Vom Durchfallen und Hängenlassen

Wer eine Prüfung vermasselt und nicht besteht, fühlt sich ähnlich wie jemand, der an einem Korb an einer Burgmauer hochgezogen wird und durch den Boden bricht. Deshalb sind beide *durchgefallen*. Ähnlich ist es mit dem, der *unten durch* ist: Auch diese Redensart stammt von dem Korb mit gelockertem Boden, durch den der Liebhaber, der sich die Gunst seiner Angebeteten verscherzt hatte, hindurchfiel. Und wen die Geliebte nur die halbe Strecke nach oben zieht, den hat sie *hängengelassen*.

Register – alphabetisch geordnet

Aus manch einer Redewendung ergibt sich eine zweite, so dass in diesem Buch insgesamt mehr als 50 Redewendungen enthalten sind. Eine Auflistung aller Redensarten in alphabetischer Reihenfolge finden Sie hier:

Quellen, Literatur, Bildnachweis

Allgemeine deutsche Real-Encyklopädie für die gebildeten Stände: Conversations-Lexikon. Band 1. Leipzig 1827, S. 940 f.

Amann, Jürgen: Wie alles begann: Anno 1516 in Ingolstadt, der aufstrebenden Stadt an der Donau. In: Brauwelt. Wochenzeitschrift für das Getränkewesen. Sonderausgabe 500 Jahre Reinheitsgebot. 156. Jahrgang. Nürnberg 2016, S. 6.

Andrack, Manuel: Hundetragen auf dem Wildgrafenweg. URL: http://www.wanderreporter.de/2011/04/20/hundetragen-auf-dem-wildgrafenweg. Abgerufen am 12.07.2016.

Augsburgische Ordinari Postzeitung, Nro. 105, Montag, den 2. May, Anno 1808, S. 3, als Digitalisat.

Ballerstedt, Erich: „Das Strebkatzenziehen, ein Kraftspiel des Mittelalters, und seine Spuren in deutscher Sprache und Kunst." In: Hannoversche Geschichtsblätter. Hannover 1901, S. 97-107.

Balling, Edwin: Die Kulturgeschichte des Obstbaus. S. 37 ff. Onlinefassung: http://www.streuobst-mainfranken.de/cms/index.php/dokumente/allgemein/22-kulturgeschichte-des-obstbaus/file. Abgerufen am 12.06.2016.

Balz, Martin: „Läuteordnungen und ihre Bedeutung". In: Kirchenmusikalische Nachrichten. Jahrgang 43, Nr. 3. Frankfurt 1992.

Bast, Eva-Maria; Thissen, H.: Münchner Geheimnisse – 50 spannende Geschichten aus der Weltstadt mit Herz. Überlingen 2015, S. 39-41.

Bäumler, Siegfried: Die Pflanze des Monats November: Die Süßholzwurzel. URL: http://www.kneippianum.de/blog/pflanze-november-suessholzwurzel. Abgerufen am 12.6.2016.

Boockmann, Hartmut: Die Stadt im späten Mittelalter. 3. Auflage. München 1994, S. 84.

Clemen, Otto: Die Luterisch Strebkatz. In: Kleine Schriften, Band 2, 1983, S. 202–217.

Busch, Wilhelm: Aphorismen, Reime und Sinnsprüche. URL: https://www.aphorismen.de/suche?f_autor=824_Wilhelm+Busch&seite=4. Abgerufen am 09.07.2016.

Demandt, Alexander: Hände in Unschuld: Pontius Pilatus in der Geschichte. Böhlau, Köln 1999.

Demandt, Alexander: Pontius Pilatus. München 2012.

Deutscher Bundestag, Referat Öffentlichkeitsarbeit: Fragen an die deutsche Geschichte. Ideen, Kräfte, Entscheidungen. Von 1800 bis zur Gegenwart. Historische Ausstellung im Reichstagsgebäude in Berlin. Katalog, 17. Auflage, Bonn 1993, S. 36, 40.

Die Sprache der Blumen. URL: http://www.cronenburg.net/rose_language.htm. Abgerufen am 11.07.2016.

Dinzelbacher, Peter: Das fremde Mittelalter: Gottesurteil und Tierprozess. Essen 2006, S. 27-40.

Dr. Wort: Klappe zu, Affe tot. Woher unsere Redewendungen kommen. Hamburg 2010, S. 30; 61; 74; 76; 91; 106; 117; 142 f.; 195.

Drosdowski, Günther / Scholze-Stubenrecht, W. (Hrsg.): Der Duden. Bd. 11: Redewendungen und sprichwörtliche Redensarten: Wörterbuch der deutschen Idiomatik. Mannheim u. a. 1992, S. 825.

Duden – Das Herkunftswörterbuch. S. 342. Mannheim, Leipzig, Wien, Zürich o.J.

Duden: Wer hat den Teufel an die Wand gemalt? Redensarten – Wo sie herkommen, was sie bedeuten. Berlin 2014, S. 9; 14; 42; 50; 56; 58; 82; 88; 91; 147; 151.

Essig, Rolf-Bernhard: Da wird doch der Hund in der Pfanne verrückt. München 2009, S. 65.

Essig, Rolf-Bernhard: Dr. Essigs kleine Sprichwortkunde: Jemandem einen Bärendienst erweisen. URL: http://www.swr.de/swr1/rp/programm/pfeffer-in-den-hintern-blasen/-/id=446640/did=15391782/nid=446640/2foskb/index.html. Abgerufen am 6.07.2016.

Filatkina, Natalia: Den Löffel abgeben. URL: http://www.hifos.uni-trier.de/geistesblitze/2008_02_16.pdf. Abgerufen am 03.07.2016.

Fontane, Theodor: Effi Briest. Köln 1994. S. 244, 245, 247, 248, 249.

Freie Universität Berlin, Fachbereich Philosophie und Geisteswissenschaften: Alles zum Teufel. Drudenfuß. URL: http://www.geisteswissenschaften.fu-berlin.de/v/littheo/teufel/zeichen/drudenfuss.html. Abgerufen am 10.07.2016.

Freise-Wonka, Christine; Melnicky, Thorsten: Bamberg sehen und staunen. Bamberg 2016, S. 92 f.

Fürnrohr, Walter: Der Immerwährende Reichstag zu Regensburg. Das Parlament des Alten Reiches. Kallmünz 1987.

Fürstlich und Gräflich Fuggersche Stiftungs-Administration: Jakob Fugger – Der erfolgreichste Stifter der Welt. URL: http://www.fugger.de/singleview/article/jakob-fugger-der-erfolgshyreichste-stifter-der-welt/30.html. Abgerufen am 25.07.2016.

Goethe, Johann Wolfgang von: Die Wahlverwandschaften. Köln 2008.

Grimm, Jacob; Grimm, W.: Deutsches Wörterbuch. Hund. URL: http://www.woerterbuchnetz.de/DWB?lemma=hund. Abgerufen am 11.07.2016.

Gryphius, Andreas: Horribilicribrifax. Breslau, 1665. URL: http://www.deutschestextarchiv.de/book/view/gryphius_horribilicribrifax_1663?p=40. Abgerufen am 13.3.2015.

Haarmann, Harald: Weltgeschichte der Zahlen. München 2008.

Historische Berufe. URL: http://www.historische-berufe.de/BERUFE/gerber.html. Abgerufen am 09.07.2016.

Hoops, Johannes: Reallexikon der Germanischen Altertumskunde. 2., völlig neu bearbeitete und stark erweiterte Auflage. Band 29. Berlin 2005, S. 352 f.

Kaiser-Alexnat, Renate: Wunderwesen Waid. Erlebnisse rund um Mensch und Pflanze – insbesondere dem Färberwaid – erzählt in Bildern und Geschichten. Berlin 2012.

Kerth, Thomas: Ulrich von Türheim. Tristan. Tübingen 1979.

Kirst, Hans Hellmut: 08/15. Gesamtausgabe der Trilogie. Kaiser, Klagenfurt 1994–2001.

Krüger-Lorenzen, Kurt: Deutsche Redensarten und was dahinter steckt. Bd. 3: Der lachende Dritte. Düsseldorf 1973, S. 237.

Krüger-Lorenzen, Kurz: Deutsche Redensarten und was dahinter steckt. Das Standardwerk. 8. Auflage. München 2011.

Küpper, Heinz: Wörterbuch der deutschen Umgangssprache. Stuttgart, München, Düsseldorf, Leipzig 1997, S. 839, Lemma „Tomate".

Lankers, Katrin: Erfindungen: Schusswaffen. URL: http://www.planet-wissen.de/technik/erfindungen/schusswaffen/index.html. Abgerufen am 10.07.2016.

Lernhelfer: Leseverhalten im frühen 19. Jahrhundert. URL: https://www.lernhelfer.de/schuelerlexikon/deutsch/artikel/leseverhalten-im-fruehen-19-jahrhundert. Abgerufen am 10.07.2016.

Michel, Hans: Das Chorgestühl im Magdeburger Dom. Magdeburg 2002, S. 104 ff.

Mißfeldt, Jörg: Die Republik Dithmarschen. In: Geschichte Dithmarschens. Heide 2000, S. 121-166.

Mugler, Andreas: Das deutsche Bankensystem im internationalen Vergleich. Vergleich der Bankensysteme Deutschlands, der USA, Japans und Großbritanniens. Hamburg 2014, S. 16-18.

Müllerott, Hansjürgen: Quellen zum Waidanbau in Thüringen: mit einem Exkurs in die anderen Waidanbaugebiete Europas und Vorderasiens; Industriearchäologie, historische Geographie, Flurnamenkunde, alte Geschichte, Siedlungs- und Territorialgeschichte, Archäobotanik, Botanik. Arnstadt 1993.

N24: Vormarsch auf Schienen. Eisenbahnpioniere im Ersten Weltkrieg. URL: http://www.n24.de/n24/Wissen/History/d/5228802/eisenbahnpioniere-im-ersten-weltkrieg.html. Abgerufen am 11.07.2016.

Nachtwächterordnung für die hochfürstliche Residenzstadt Bamberg. Bamberg 1789.

Oestreich, Gerhard: Verfassungsgeschichte vom Ende des Mittelalters bis zum Ende des alten Reiches. In: Gebhardt Handbuch der deutschen Geschichte, Bd. 11. München 1974.

Olbrich, Wilhelm; Beer, J. Bernd; Gräf J. (Hrsg.): Der Romanführer. Der Inhalt der Romane und Novellen der Weltliteratur. Band 13: Der Inhalt der deutsche Romane und Novellen aus dem Jahrzehnt 1954 bis 1963. Stuttgart 1964, S. 198–199.

Pruys, Karl Hugo: Bis in die Puppen. Die 100 populärsten Redensarten. Berlin 2008, S. 64; 77; 97; 106.

Radbruch, Gustav; Gwinner, H.: Geschichte des Verbrechens. Frankfurt am Main 1990.

Redensarten.de: Etwas im Schilde führen. URL: http://www.redensarten.net/Schilde.html. Abgerufen am 10.07.2016.

Röhrich, Lutz: Lexikon der sprichwörtlichen

Redensarten, Freiburg 2003, S. 438.

Röhrich, Lutz: Lexikon der sprichwörtlichen Redensarten. Band 1. A – Dutzend. Freiburg 1999, S. 201, 274 f., 437.

Röhrich, Lutz: Lexikon der sprichwörtlichen Redensarten. Band 2. Easy – Holzweg. Freiburg 1999, S. 417, 555, 581; 755 ff.

Röhrich, Lutz: Lexikon der sprichwörtlichen Redensarten. Band 3: Homer – Nutzen. Vierte Auflage. Freiburg 1999, S. 755 ff., 801 f., 817 f., 872 ff., 1074, 1103.

Röhrich, Lutz: Lexikon der sprichwörtlichen Redensarten. Band 4. Oben – Spielverderber. Freiburg 1999, S. 1114, 1158 f., 1182, 1269 f., 1333 f., 1367.

Röhrich, Lutz: Lexikon der sprichwörtlichen Redensarten. Band 5. Spieß – Zylinder. Freiburg 1999, S. 1504, 1611, 1752.

Ruprecht-Karls-Universität Heidelberg: Skriptorium – Buchproduktion im Mittelalter. URL: http://digi.ub.uni-heidelberg.de/de/bpd/skriptorium.html. Abgerufen am 27.06.2016.

Schäffer, Jacob Christian Gottlieb von: Versuch einer medicinischen Ortbeschreibung der Stadt Regensburg. Digitalisierte Version.

Schillers sämmtliche Werke. Stuttgart und Tübingen 1835, S. 55.

Schumann, Ernst: Verfassung und Verwaltung des Rates in Augsburg von 1276 bis 1368. Diss. Rostock 1905, S. 132 f.

Schwarzer Schwan e.V.: Die Waffen der Landsknechte. URL: http://www.schwarzer-schwan.de/HTML/lexikon/waffenlehre.html. Abgerufen am 09.07.2016.

Seuffert, Ralf: Konstanz. 2000 Jahre Geschichte. 2. Auflage. Konstanz 2013.

Spiegel: Bürogezeter – das kleine Schimpfwort-ABC. URL: http://www.spiegel.de/karriere/berufsleben/buerogezeter-das-kleine-schimpfwort-abc-a-744198-5.html. Abgerufen am 05.07.2016.

Spiegel Online: Projekt Gutenberg. Martin Luther: Luthers Sprichwörtersammlung - Kapitel 285. URL: http://gutenberg.spiegel.de/buch/-7927/285. Abgerufen am 09.07.2016.

Stadt Augsburg: Fuggerei – die älteste Sozialsiedlung der Welt steht in Augsburg. URL: http://www.augsburg.de/kultur/sehenswuerdigkeiten/fuggerei/. Abgerufen am 25.06.2016.

Stadt Chemnitz: Die Geschichte der Nachtwächter und Türmer. URL: http://www.chemnitz.de/chemnitz/de/die-stadt-chemnitz/stadtportrait/sehenswuerdigkeiten/sehenswertes_tuermer_geschichte.html. Abgerufen am 05.06.2016.

Stadt Regensburg: Ohne Regensburg kein Europa. Regensburg 2013.

Steinhäußer, Fritz: Augsburg in kunstgeschichtlicher, baulicher und hygienischer Beziehung. Augsburg 1902, S. 60 f.

Süskind, Patrick: Das Parfum. Zürich 1994.

SWR: 1000 Antworten. Woher kommt der Ausdruck „Schlitzohr"? URL: http://www.swr.de/blog/1000antworten/antwort/8584/woher-kommt-der-ausdruck-schlitzohr/. Abgerufen am 09.07.2016.

Verband Deutscher Papierfabriken: 625 Jahre Papier in Deutschland. Papier: Gestern – heute – morgen. URL: http://www.vdp-online.de/de/papierindustrie/papiergeschichte.html. Abgerufen am 07.07.2016.

Völker, Thies: Suite 101: Bauernrepublik Dithmarschen. URL: http://suite101.de/article/bauernrepublik-dithmarschen-a58548#.V3fhKTeWVoE. Abgerufen am 02.07.2016.

Vom Gebrauch der Gabeln. In: Die Hausfrau, Wien. 30. August 1878.

Von der Lühe, Hanns Eggert Willibald: Militär-Conversations-Lexikon. 6. Band. N, O, P, Q. Adorf 1837, S. 523.

Von Goethe, Johann Wolfgang: Faust. Der Tragödie erster und zweiter Teil. München 1999, S. 48 f.

Von Paczensky, Gert; Dünnebier, A.: Leere Töpfe, volle Töpfe. Die Kulturgeschichte des Essens und Trinkens. München 1994, S. 318.

Wikipedia: Butter. URL: https://de.wikipedia.org/wiki/Butter#Sprachliches. Abgerufen am 02.07.2016.

Wikipedia: Essbesteck. URL: https://de.wikipedia.org/wiki/Essbesteck. Abgerufen am 03.07.2016

Wikipedia: Leipziger Stadttore. URL: https://de.wikipedia.org/wiki/Leipziger_Stadttore. Abgerufen am 05.07.2016.

Wikipedia: Martin Luther. URL: https://de.wikipedia.org/wiki/Martin_Luther. Abgerufen am 13.03.2015.

Wikipedia: Schnabelschuh. URL: https://de.

wikipedia.org/wiki/Schnabelschuh. Abgerufen am 03.07.2016.

Wikipedia: Victor von Hase. URL: https://de. wikipedia.org/wiki/Victor_von_Hase. Abgerufen am 16.03.2015.

Wissen.de: Hokuspokus: URL: http://www. wissen.de/wortherkunft/hokuspokus. Abgerufen am 13.03.2015.

Wissen.de: Redewendung des Tages: Schwamm drüber. URL: http://www.wissen.de/ redewendung/schwamm-drueber-2014-04-12. Abgerufen am 08.07.2016.

Zalewski, Christoph: Pfeffer – Allroundtalent mit Kultcharakter. URL: http://www.br.de/ themen/ratgeber/inhalt/ernaehrung/pfeffer-gewuerze100.html. Abgerufen am 27.06.2016.

Bildnachweise

1. Der rote Faden: Bild 2, S. 12: Magdalena Stoll.

2. Alles in Butter: Bild 2: Oliver Abels (Eigenes Werk), https://commons.wikimedia.org/wiki/ File:Freilichtmuseum_ Mue%C3%9F_B%C3%BCdnerei_Butterfass. JPG?uselang=de. Abgerufen am 01.08.2016.

6. Akademische Viertelstunde: Bild 1, S. 28: Magdalena Stoll

8. Den Löffel abgeben: Bild 2, S. 37: Magdalena Stoll.

9. Aus dem Nähkästchen plaudern: Bild 1, S. 39: Magdalena Stoll.

12. Mein Name ist Hase: Bild 2, S. 50: https:// commons.wikimedia.org/wiki/File:Hase,-Karl-Victor-v_.jpg?uselang=de. Abgerufen am 01.08.2016.

13. Was ist das für ein Hokuspokus!: Bild 2, S. 54: https://commons.wikimedia.org/wiki/ File:Military_and_religious_life_in_the_ Middle_Ages_and_at_the_period_of_the_ Renaissance_(1870)_(14598411740). jpg?uselang=de. Abgerufen am 01.08.2016.

18. Nach Adam Riese: Bild 1, S. 69: Alexandra Daehne.

20. Das geht auf keine Kuhhaut: Bild 2, S. 78: Magdalena Stoll.

21. Einen Zahn zulegen: Bild 1, S. 80: Eifel 07 (Eigenes Werk), https://commons.wikimedia. org/wiki/File:Feuerstelle_K%C3%BCche. JPG?uselang=de. Abgerufen am 01.08.2016.

26. Das kann doch kein Schwein lesen: Bild 2, S.
98: Magdalena Stoll.

28. 08/15, S. 107: Bild 2: Richard Huber (Eigenes Werk), https://upload.wikimedia.org/ wikipedia/commons/9/90/MG_08-15. JPG?uselang=de. Abgerufen am 01.08.2016.

29. Etwas durch die Blume sagen: Bilder S. 109 + 111: Magdalena Stoll.

32. Treulose Tomate: Bild 1, S. 119: Magdalena Stoll.

38. Nur Bahnhof verstehen: Bild 1, S. 141:Jordan Zehner (Eigenes Werk), http:// creativecommons.org/licenses/by-sa/4.0. Abgerufen am 14.07.2016.

40. Auf großem Fuße leben: Bild 2, S. 148: FA2010 (Eigenes Werk), Gemeinfrei, https:// commons.wikimedia.org/w/index. php?curid=14637544. Abgerufen am 24.07.2016.

41. Blaumachen: Bild 1, S. 149: Pethan (Eigenes Werk), https://commons.wikimedia.org/w/ index.php?curid=147165. Abgerufen am 01.08.2016. Bild 2, S. 150: Privat.

42. Geld zum Fenster rauswerfen / etwas auf die lange Bank schieben: Bild 1: Stadt Regensburg, Stefan Effenhauser. Bild 2: Stadt Regensburg, Bilddokumentation.

46. Süßholz raspeln: Bild 2, S. 168: Atriplex82 (Eigenes Werk), https://commons.wikimedia. org/wiki/File:Bamberg_20140513092749. jpg?uselang=de. Abgerufen am 12.08.2016.

47. Die Klappe halten: Bild 1, S. 170: Magdalena Stoll. Bild 2, S. 171: Privat.

49. Holzweg: Bild 1, S. 177: Magdalena Stoll.

Covermotiv Women's History rot, S. 191: Erich Correns [Public domain], via Wikimedia Commons.

Covermotiv Women's History lila, S. 191: Franz Xaver Winterhalter [Public domain], via Wikimedia Commons.

Alle Bilder ohne Bildnachweise: Eva-Maria Bast, Heike Thissen.

Haftungsausschluss

Trotz intensiven Austauschs mit unseren Gesprächspartnern, gewissenhafter Literaturrecherche und aufmerksamem Korrekturlesen erheben wir weder einen Anspruch auf Vollständigkeit noch auf Fehlerlosigkeit. Wir haben streng darauf geachtet, keine Urheberrechte zu verletzen, unsere Recherchen sind nach bestem Wissen und Gewissen erfolgt. Dennoch übernehmen wir keinerlei Gewähr für die Aktualität, Korrektheit oder Vollständigkeit der bereitgestellten Informationen. Haftungsansprüche gegen uns schließen wir grundsätzlich aus.

Besuchen Sie uns im Internet: **www.bast-medien.de**

Women's History
Das Geschichtsmagazin für Frauen

Themen, die Frauen seit Jahrhunderten bewegen
und die Männer seit Jahrhunderten an Frauen faszinieren

IN DER 1. AUSGABE:

- Im Schatten der Kaiserin: Sisis Schwestern
- Jeanne d'Arc – die Lady Gaga ihrer Zeit
- Exklusive Interviews mit spannenden Frauen
- Giftmord und Verrat – historische Verbrecherinnen